コンセプトのつくり方　目次

※各章の内容を要約して読んでいただくために、本文中の「見出し」の文言に加筆しています。ご了承ください。

はじめに

「でさぁ……それってデータで証明されているの？」

誰かが現状を打破するために頑張っている時、こんな正論ばかり振りかざす「批評家」ってホント腹が立ちますよね。過去の情報をどれだけ客観的にいじくりまわしたって「その手があったか！」という突破口なんて見つかるわけもないのに、なぜかきょうも彼らは大威張りです。

でもよくよく考えてみれば、学校でも会社でも教えてくれたのは「脳みそで正しく、客観的・論理的に考える」やり方だけでした。批評家がはびこる原因はきっと、ぼくたちがそれに対抗する方法論を持たないから。いま必要なのは、主観的な経験や直感までをも駆使して「コンセプト」をつくりだし、「その手があったか！」を開発する取り組みです。身体的思考とでもいうべきアプローチの全体像を、この本で明らかにします。

この「身体性の復権」は哲学や心理学の世界でも扱われる大テーマで、正直なところぼくのような一介の広告屋が請け負うには難解すぎます。お恥ずかしい話、経営学者の野中郁次郎先生から薦めていただいたフランシスコ・ヴァレラ『身体化された心――仏教思想からのエナクティブ・アプローチ』一冊、ちゃんと読み切るのにあと何年かかるかわかりません。

しかも突き詰めていくと、コンセプトづくりに欠かせないぼく自身の「身体」が死にかけているのではないか？と思えるのです。たとえば書道の展覧会に行った時、作品を見て直感的に「どう感じるか？」の前に「何が書いてあるのか？」「誰が書いたのか？」「その人の社会的な評価はどうなのか？」そんなことばかりが気になります。脳みそが身体の反応をコントロールして「間違いたくない！」と正解を探すのです。カッコイイ正論ばかり吐く批評家は大嫌いなのに、本当はぼくの中でも脳みそが支配的で、身体を隷属させています。

とはいえ幸いなことに、広告業界にはクリエーティブ開発という身体的思考の伝統があります。電通で長年キャンペーン制作に取り組み、最近その方法論を広告以外の領域、たとえば商品開発に拡張している実務家だからこそお話しできることがあると自らを鼓舞しました。

そして、ぼくの身体が完全に死んだわけでもなさそうだという希望を「食べもの」に見出《みいだ》しました。絵画がわからなくても、音楽に自信がなくても、食べものであれば「これはイイ（食べたい）！」「これはイヤだ（食べたくない）！」という明確な感覚を持てるからです。どうも生来の食いしん坊が幸い

（災い？）したようで、身体の実感から逃げられません。

そんなこともあって、この本でご紹介する事例は「食」だらけ。もちろん食品関係以外の広く商品開発に興味のある方や、とにかく現状を打破したい方にも手に取っていただきたいのですが、どうぞ皆さん、脳みそで冷静に理解するだけでなく「旨《うま》そう」とか「不味《まず》そう」とか身体で楽しみながらページをめくってください。

ではさっそく食べもののお話、ご馳走《ちそう》の大定番「黒毛和牛」からスタートしましょう。

第一章　コンセプトは身体で考える

「常識」を覆すということ

　昭和ヒトケタ生まれで幼稚園はスイス、大学はアメリカというＯＬＤ帰国子女の母は昔、「どなたかのお家《うち》に招かれてもローストビーフを褒《ほ》めてはいけません」と言っていました。「ローストチキンなら中に何を詰めるとか、焼き色をよくするためにどうするとかあるけど、ビーフはオーブンの温度設定さえすればお仕舞いだからね。」

　子ども心に「そんなバカな」と思っていましたが、自分で料理するようになると、たしかに焼き加減は意外に簡単でした。もちろんプロの絶妙な火入れに及ぶはずはないものの、ほんのり熱の通った「ロゼ」に仕上げたいのであれば、芯温（中心部分のお肉の温度）六〇℃が目標（たとえば八〇℃だと焼きすぎで白くなっちゃいます)。つまり絶対に失敗しないためには六〇℃で延々と低温加熱していけば良いわけです。そうでなくても表面に焼き色を付けた後、一kgの肉塊なら冷蔵庫から室温に戻して(形にもよりますが)一時間ほど一〇〇℃のオーブンに放り込み、そのあとアルミホイルに包んでゆっくりゆっくり中心部まで熱を伝えてやれば、まず問題はありません。

そのコツを知って以来、わが家にお友達を招く時はよくローストビーフが登場します。でも問題は、食材のお肉をどうするか。「きょうは頑張って和牛にしよう!」といっても、まだまだ選択肢は狭まりません。日本国内には軽く一〇〇を超える銘柄牛があるからです。ぼくにとってはめったにない特別な悩みですが、プロの料理人にすれば日常的で、とても大切な選択でしょう。

いま世界中のシェフが注目している「尾崎牛」をご存知ですか? ニューヨークの三ツ星レストランではステーキひと皿に一〇〇〇ドル(!)の値が付

き、フランスの名立たる料理人が指名する和牛ブランドです。全国にずらりと並ぶ銘柄牛の中で、なぜ「尾崎牛」がこれほどの成功を収められたのでしょうか？　その答えは簡単で、みんなが信じて疑わなかった「常識」をひっくり返し、「その手があったか！」を見つけたからです。

高級な和牛といえば、まず思い浮かぶのはスペシャルな神戸牛・松阪牛クラス。その次に近江牛、米沢牛があって、だんだんと手の届きやすい銘柄に続いていくというランキングが一般的です。このように和牛は「特別な産地ブランド」で売るのが当たり前でした。別の言い方をすれば特定の産地以外の畜産家はどうやっても日本一の和牛を育てることができないという思い込みがありました。尾崎牛を育てている尾崎宗春さんの牧場は宮崎県宮崎市にあるので、常識に従えば「宮崎牛」として出荷することになったでしょう。ところがそうせず、個人名を冠した「特別な生産者のブランド」をつくったのです。

尾崎さんによればその理由はシンプルでした。

「同じ地域で肥育された牛でも、エサや水、育て方によって味が変わってきます。それを一括《ひとくく》りにしてブランドにするのは無理があるんです。尾崎牛はわたし独自のやり方で育てていますから、他とはまったく違う、しかも一定した品質をお客様に届けられます。これこそが本来のブランドでしょ？　ワハハハ。」

いまから三〇年近く前、アメリカで畜産を学んだ帰りの飛行機の中で「どうせやるなら、自分の食べたい牛肉を。家族、友人に安心して食べてもらえる牛肉づくりをしよう」と決心したのが出発点だったそうですが、この取り組みは画期的でした。

「特別な生産者」が育てる尾崎牛はまず「味わい（品質）」がユニークです。

最近は焼肉屋さんでもよく見かける一般的な等級評価では「A5」が最高ラン

クと言われています。A〜Cは肉付きを、1〜5は肉質を見るものですが、この基準の背景にあるのは「よくサシ（脂）が入った肉こそが良い肉だ」という思想です。全国の畜産家はこの物差しに従って仔牛《こうし》を買い、飼料を調合し、たとえば「ビールを飲ませる」といった肉づくりをしています。しかし尾崎さんはこの常識を覆しました。

「ぼくは女性が大好き。それは交際費じゃなく自腹で食べて、正直な意見を言ってくれるから。そうじゃなくても好きだけど。ワハハハ。かつて霜降り全盛だった時代にも、彼女たちはさっぱりした赤身を食べたいって言っていました。だから尾崎牛は脂の融点が低くて胃にもたれない、毎日食べたくなるお肉を目指したんです。」

「こってり」濃厚な味わいを目指す他の畜産家とはまったく違う育て方をしたわけです。

尾崎宗春さんと尾崎牛

さらに尾崎さんは「売り方」でも独自のアプローチをしています。いや「特別な産地」の和牛を売るため「産地で一致協力して流通する」という常識の中では、尾崎牛を売れなかっただけなのかも知れません。

「一年三六五日、ぼくはホント毎日尾崎牛を食べます。これだけ自分の育てたお肉を食べている畜産家はいないですよ。ワハハハ。そして尾崎牛の魂を理解してくださっている方に扱って欲しいから、必要があれば世界中どこにでも商談へ出向きます。つくり手の顔が見えると喜ばれるし。弾丸ツアーで行って帰って来て、宮崎で牛の世話をする。そんな毎日です。」

自分、家族、友人の延長線上にすべてのお客様を位置づけているのでしょう。そこには生産者と消費者の垣根はなく、同じ理想に共鳴する仲間の集まりに見えます。「ぼくの師匠である黒木法晴さんは一九六〇年代、月給の二五倍もの自費を投じてヨーロッパの牛を見て回り、その経験を踏まえて量より質を追求する和牛独自の価値づくりに励まれました。黒木さんは『宮崎が動けば世界が動く、かくありたい』とおっしゃっていますが、ぼくはこれからも世界で頑張りますよ。『みんなと一緒だから安心』って思考停止になるんじゃなくて、自分のオリジナルをつくるんです。ワハハハ」とひたすら明るく積極的に、他の銘柄牛とは別の道を突き進んでいます。

コンセプトは「サーチライト」

尾崎牛が登場する以前にも、プロの間では畜産家の技量によって肉質に差が出ることは知られていました。しかし「産地」で売るという常識を覆そうとした人はいなかったのです。「生産者」で売る尾崎牛は「その手があったか！」という新しさと「(言われてみれば) そりゃそうだよな」という納得感のバランスが取れたアプローチでした。こうして次々と「常識」を覆したからこそ尾崎牛は特別なブランドになり、世界中の支持を集めているのです。イノベーションを「ひとの行動・習慣・価値観にもう元に戻れないような変化をもたらすモノ・コト」と定義するなら、「尾崎牛」は黒毛和牛産業におけるイノベーションに成功しました。世界中のグルマン (食通) が「産地が特別なら、生産者はどうでもいいや」と昔の状態に戻るとは思えないからです。

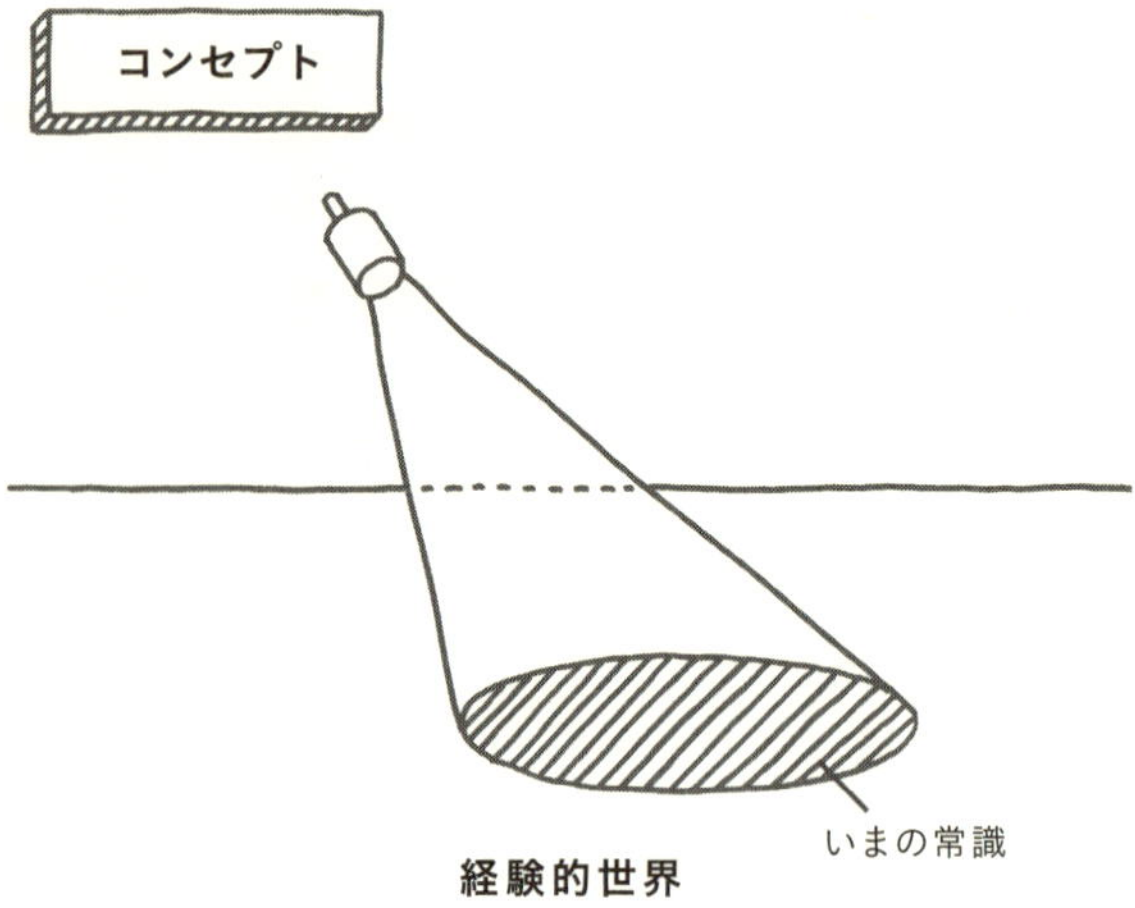

コンセプト＝サーチライト

そしてこの本では、そんなイノベーションの構造をここに描いたような絵で整理します。

そもそもぼくたちはコンセプト（概念）がなければ、何ごとも見ることができません。その暗黒の中で「切る食器」というコンセプト（ナイフ）、「刺す食器」というコンセプト（フォーク）、「すくう食器」というコンセプト（スプーン）。それによって初めて他のものと区別し、認識することができます。コンセプトは経験的世界という暗闇から物事を

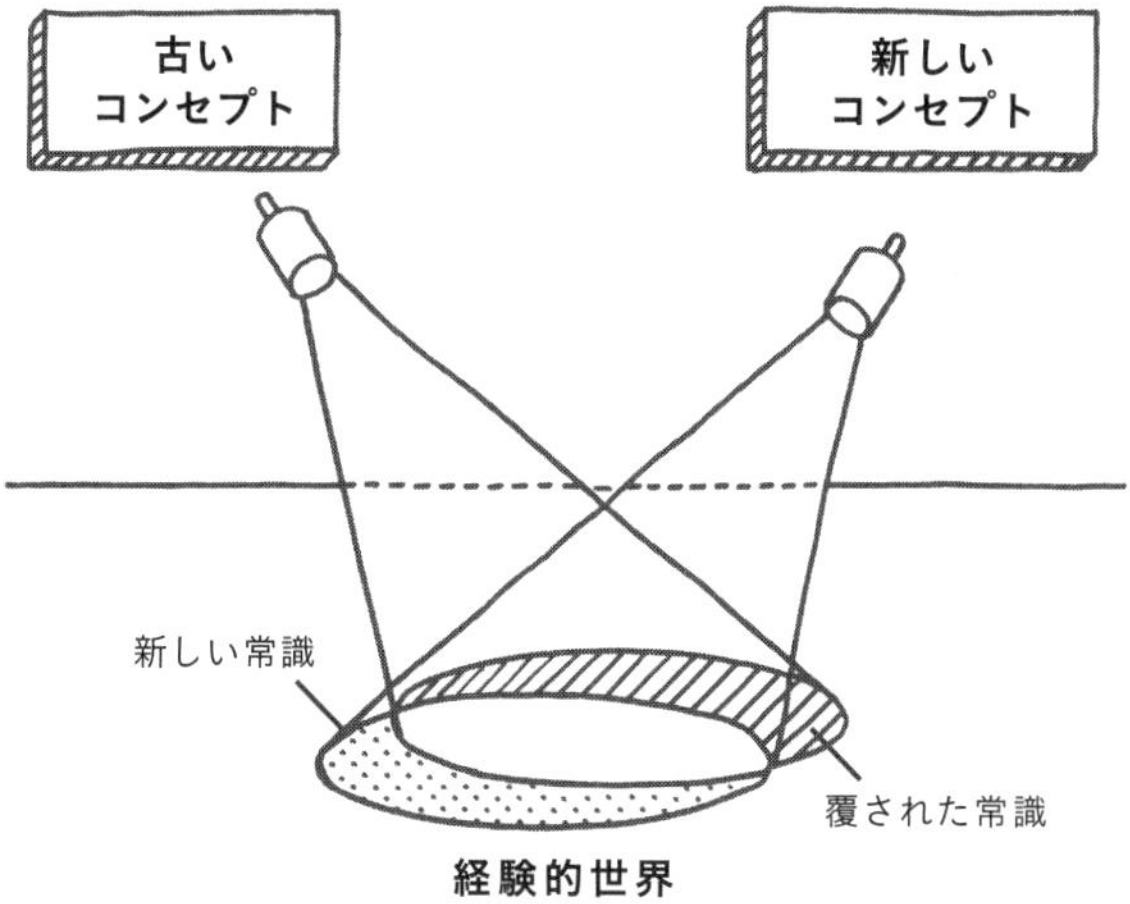

イノベーション＝サーチライトの照らし直し

照らし出す「サーチライト」です。

　面白いのはイノベーションが起こる時、このサーチライトが変わるということです。たとえば以前、黒毛和牛といえば産地で価格が左右されるもの。つまり「特別な産地ブランド」というサーチライトで照らされていました。その時求められていたのは、そのブランドが約束する品質を守るために、地域内の畜産家が同じ目標（＝こってりとしたサシ）に向けて努力することであり、共同で出荷することによってその価値を守

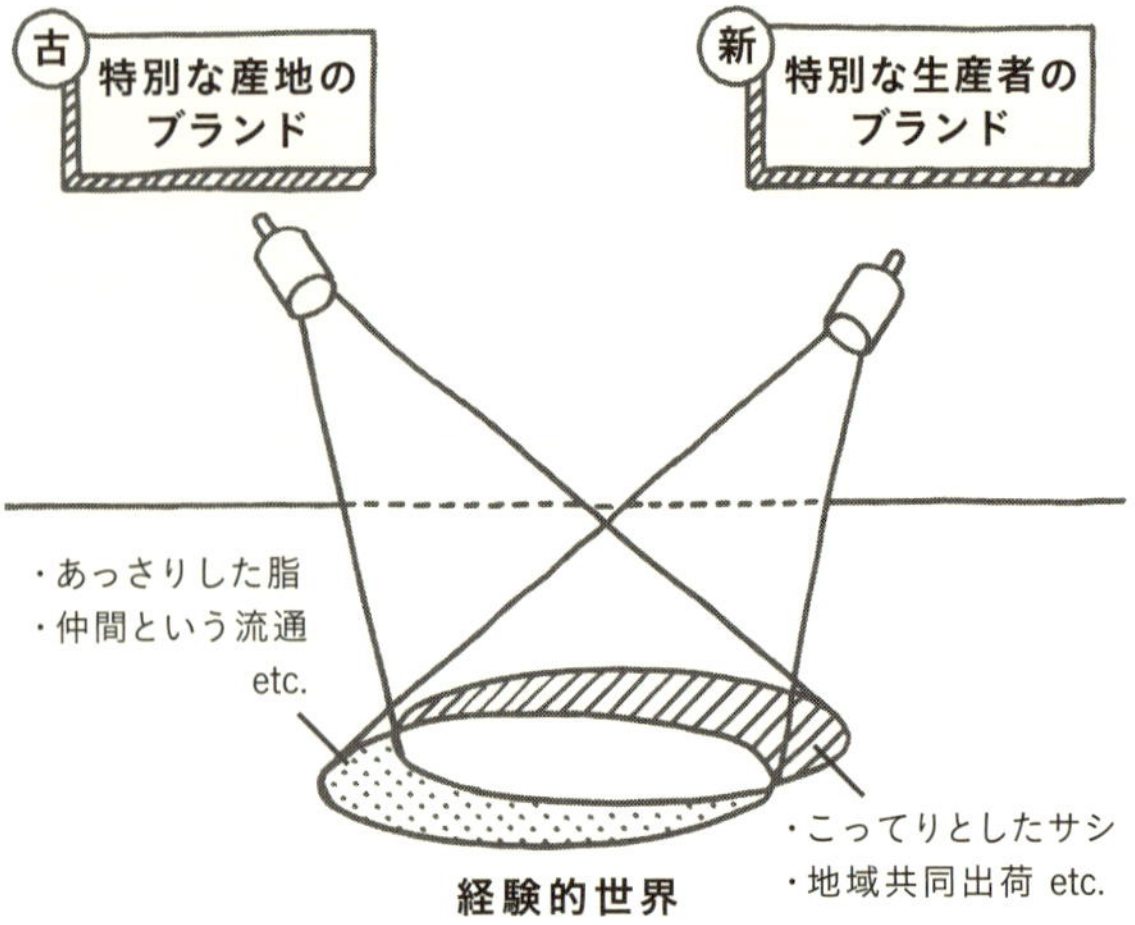

尾崎牛のサーチライト

ることでした。しかし尾崎牛は黒毛和牛に「特別な生産者のブランド」というサーチライトを当てました。その結果、たとえば「黒毛和種の血統を継ぐお肉」という中心的な事実には何の変化もないのですが、「胃もたれしない、あっさりした脂」「理想を共有する仲間という流通」という新しい常識が生まれました。

このサーチライトの図は「イノベーション」をきちんと理解するのに役立ちます。たとえば有名な「スタ

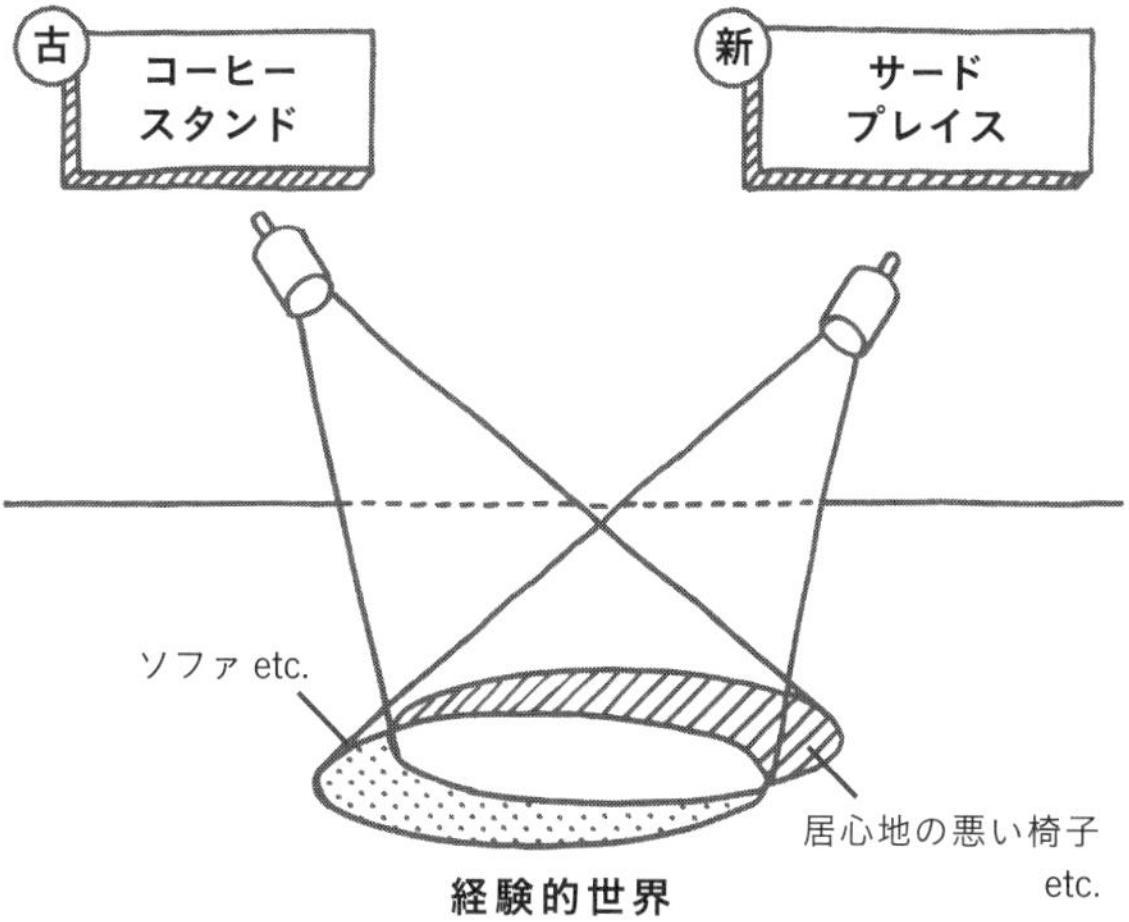

スターバックスのサーチライト

ーバックス」を例にしてみましょう。彼らは第一の居場所である自宅、第二のオフィスに続く「くつろげる場所」、いわゆる「サードプレイス」をコンセプトに事業開発したと言われています。それまでのコーヒーショップでは薄利多売のために回転率を上げることが重要で、その手段として「居心地の悪い椅子」が常識でした。ところが新しいコンセプトはそれを覆し、くつろぐ場所にふさわしい「ソファ」という新しい常識をつくりだしたのです。

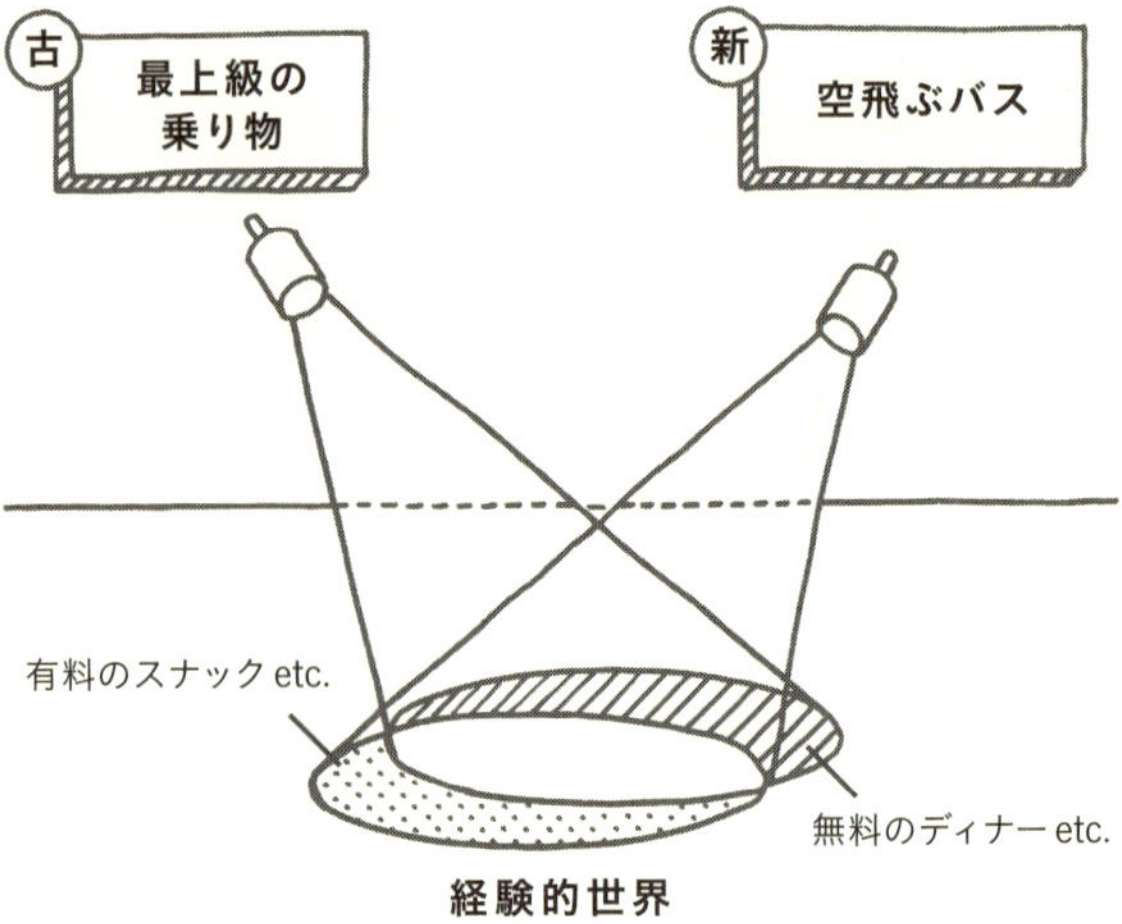

サウスウエスト航空のサーチライト

LCC（格安航空会社）の先駆けとなった「サウスウエスト航空」のコンセプトは「空飛ぶバス」でした。そしてこのサーチライトによって、この航空会社がやるべきことが直感的に示されました。もはや「最上級の乗り物にふさわしいサービス」という常識にこだわる必要はなく、バスのような低価格と利便性の実現に向けて邁進《まいしん》すればよいわけです。

こういったサーチライトの照らし直しこそがイノベーションです。つまりイノベーションを起こしたいのであれば、常識を覆す「コンセプト」をつくらなければなりません。

フェイクコンセプトが多すぎる

ここでご紹介した「コンセプトとはサーチライトである」という考え方は、アメリカの社会学者タルコット・パーソンズによるものです。高根正昭『創造の方法学』や苅谷剛彦『知的複眼思考法』など多くのベストセラーに紹介されおり、ご存知の方も多いことでしょう。にもかかわらず「コンセプト」はいまビジネスの現場で惨憺《さんたん》たる状況にあります。残念ながらこの世はサーチライトとしてまともに機能しない「フェイクコンセプト（＝贋《にせ》のコンセプト）」で溢《あふ》れているのです。

たとえば「和牛革命」。これはコンセプトとして通用するでしょうか？　ぼくの答えは「Ｎｏ」です。なぜならこの言葉を耳にしても進むべき方向を直感できないから。イノベーションを起こそうというのなら、「新しい何か」というのは当然のことで、単に「革命」というだけでは何も照らし出していません。大切なのは「どんな風に新しいか」を示すサーチライトです。ところが残念なことに「〇〇革命」に類するフェイクコンセプトの例はいくらでも見つけることができます。「セダン新体験」「進化する鎮痛剤」「書店イノベーション」……。皆さんの周りにもきっとあるはずです。

「こんど開発した高級バイクのコンセプトは『ダイナミック・プレミアム』です。」さぁ、これはいかがでしょう？　なんかカッコイイですよね。でもよく考えてみると、高級バイクなのですから「プレミアム（高級な・上等な）」で「ダイナミック（動的な）」なのは当たり前です。当然の性質をただ英語にしただけ。サーチライトが照らし出す事実には何の変化もありません。つまりこれもフェイクコンセプトです。冷静になれば当たり前なのですが、外国語辞典や類語辞典を使って言葉を言い換えただけでは本物のコンセプトは手に入りません。

では岡本太郎さんの有名な言葉、「芸術は爆発だ」はどうですか？　これはコンセプトと言えるでしょうか？　ぼくはこれこそコンセプトのお手本だと信じています。岡本太郎さんは「生きるよろこび」としての芸術を目指しているにもかかわらず、「うまいもの、きれいなもの、ここちよいもの」ばかりが持て囃《はや》される状況に悩んでいました。そこでいままでの常識を覆すサーチライトとして提案したのが「芸術は爆発だ」だったからです。仮に「太陽の塔」などの具体的な作品群を見ていなくても、この言葉を聞いただけで彼が進もうとする方向を身体的に直感することができます。「やるべきこと」と「やってはいけないこと」がわかるので、たとえばこれがチームで共有されたなら、行動す

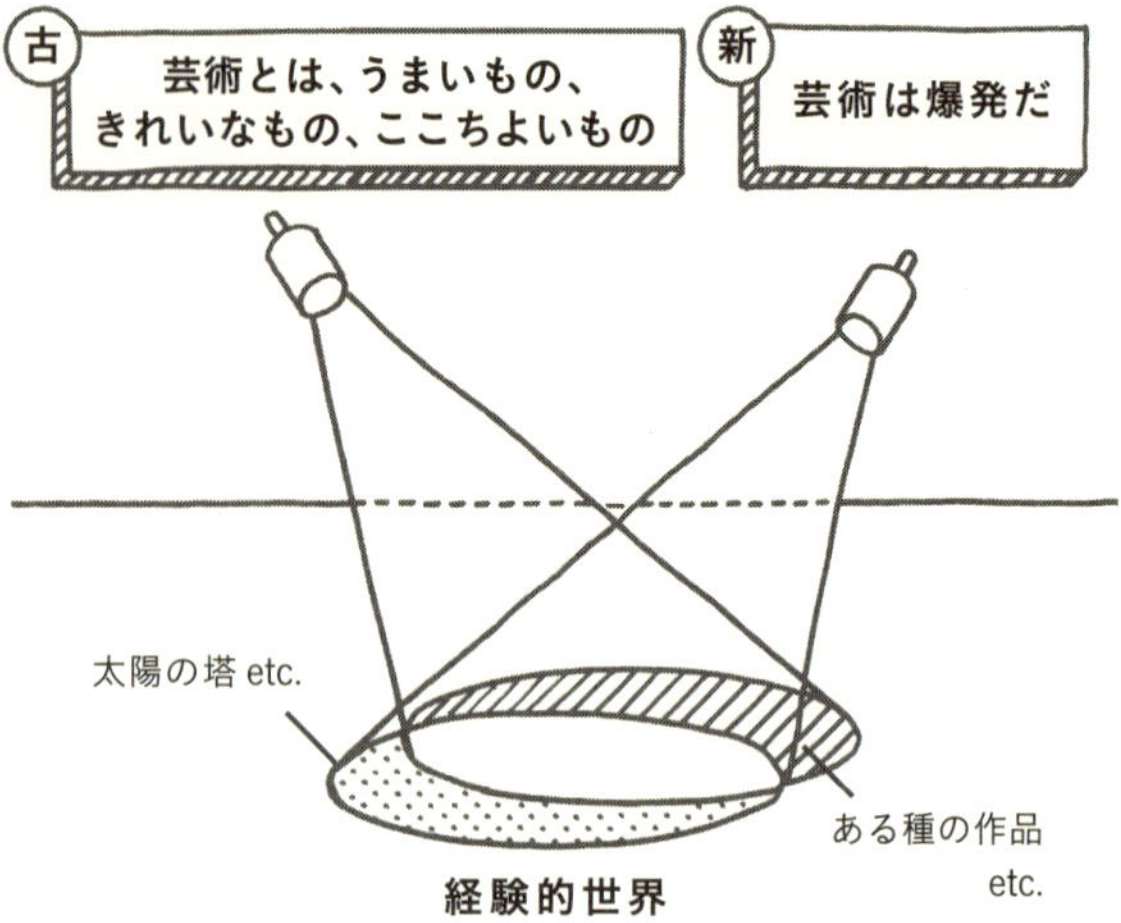

岡本太郎のサーチライト

る基準になるでしょう。ワクワクするような新鮮味があって、一朝一夕には叶《かな》わないスケール感もあります。脳みそとして理解できる以上に身体を揺さぶるような衝動があります。この「身体的に進むべき方向を直感できること」というのはすぐれたコンセプトの特徴です。

「学園祭のコンセプトは……」「こんどのデートのコンセプトは……」等々、いまどき学生さんですらコンセプトと無縁ではありません。しかし多くのカタカナ用語と同じように定義が曖昧なまま、なんとなくカッコイイ言葉として使われているため、ちゃんと機能しないことが多いようです。常識を覆しイノベーションを起こすためには、本物のコンセプトが必要です。

「正解」という幻想

フェイクコンセプトが後を絶たない原因のひとつは、きちんと「コンセプトはサーチライトだ」と理解されていないことにあるでしょう。しかしもうひとつ、もっと根深い問題があります。それはビジネスの世界に蔓延《まんえん》する「『正解』という幻想」。コンセプトは「その手があったか！」と身体的・直感的に進むべき方向を示す言葉ですが、脳みそはなかなかそれでは満足しません。そして「本当にそれは正しいの？」「もっと他に『正解』があるんじゃないの？」「それってデータで証明されているの？」と問い詰めて、せっかくの可能性を台無しにしてしまうのです。

その典型例が「コンセプト調査」。開発されたコンセプトについて、それが「客観的に」正しいかどうか判断しようという試みです。そうしたい気持ちはわかりますが、残念ながら調査でコンセプトを評価するのには限界がありま す。想像してみてください。岡本太郎さんの作品が世に出る前のタイミングで「あなたは『芸術は爆発だ』という考え方をどう思いますか?」と尋ねたとしたらどうでしょう。回答者はきっと困惑するだけですよね。むしろ「芸術はキレイだ」「芸術は落ち着く」という選択肢の方が「理解できる」「魅力的だ」というスコアを集めるかも知れません。でもそれは「芸術は爆発だ」というコンセプトに力がないわけではなく、単にふつうの人は作品（具体策）も見ずにコンセプトを評価できないのです。

そもそも「正解」とは「いまの常識」に従っているだけのこと。いまの常識で一番トクをするのは業界トップなのに、二位の企業も一〇位も一〇〇位もトップと同じ「正しい」戦いをしていたら、いつまでたっても大きな成果など上がるはずもありません。社内が批評家だらけで何も決断できない「大企業病」に悩む会社だけでなく、ローカルで出会う中小企業の経営者もまた「ビジネスには『正しく』『客観的に』取り組まなければならない」という強迫観念を抱いていることには驚くばかりです。

正解を追わない身体的思考のヒント

「その手があったか！」と常識を覆すイノベーションを起こすためには、すぐれたコンセプトが不可欠です。そして身体的に進むべき方向を直感できるサーチライトをつくるためには、脳みそで正しいことを積み上げていくだけでは十分ではありません。主観的な経験や直感までをも取り込む「身体的思考」が

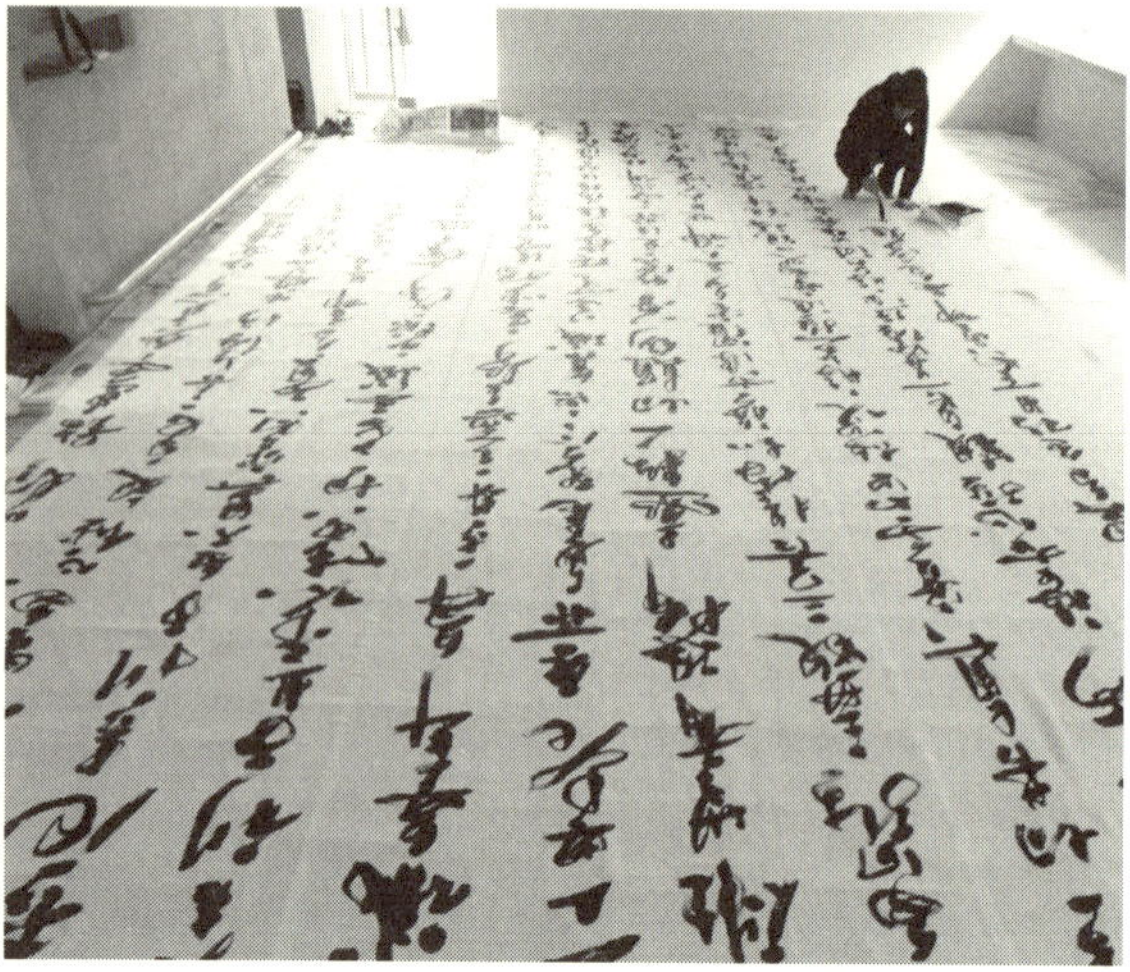
八戸香太郎「ヨマナイデクダサイ」創作風景

必要になります。
この「身体的思考」がどのようなものか考えるヒントを、国際的に活躍する書道家の八戸香太郎さんとお話ししている時に見つけることができました。

＊＊＊

書道家のベースにあるのは圧倒的な理性。「ココを短く、ココはスペースを空けて。そうすれば美しい字を書けますよ」というロジックなんです。若手はこれを繰り返し、徹底して身につけます。たとえば九分割した箱に文字を書いて一ミリ以下の単位で精度を上げるのです。でもね、このロジックで若いころ圧倒的に美しい字を書いていた人が、意外に伸び悩むことがある。それは、そこに単なる美しさを超えた何かがないからなんです。やっぱり「頭」だけでは良いものは書けません。

ぼくの経験では「目」と「手」と「頭」が一体となっていることが必要。これが三分の一ずつだとうまく行くわけでもないけれど、でもどれかが欠けちゃったらやっぱりダメ。調子が良い時は、筆が自分で動いて書いている感覚。それをぼくが追っていく感じ。決して頭で考えて理屈で書いているんじゃない。スポーツ選手の「ゾーン」に近いのかな。思い返してもどう書いたか記憶がないんです。無意識が意識を超えているというか。それでいて理性でチェックしても、ちゃんとしたものになってるんです。

＊＊＊

ここにあるのは「身体」と「脳みそ」の一致です。そして書道家がまず理性によるアプローチを徹底的に習得したうえで初めて身体が活用できるようになることは大きなヒントになりそうです。

ところで、日常生活で考えごとをする時の「圧倒的な理性」とは何でしょう？　それに当てはまりそうなのが、ルネ・デカルトが唱えた知的な仕事をする時に守るべき一般規則であり、戦略コンサルタントが得意とする「ロジカル・シンキング」という思考法です。こういったアプローチには大きくふたつの特徴があります。

①分割すること

目の前にある問題はたいてい大きくて複雑です。そこで扱いやすい程度の小さな部分に分けて考えましょう。その時、全体をダブりなく、モレなく（Mutually Exclusive and Collectively Exhaustive、略してＭＥＣＥ）分割することが重要だ

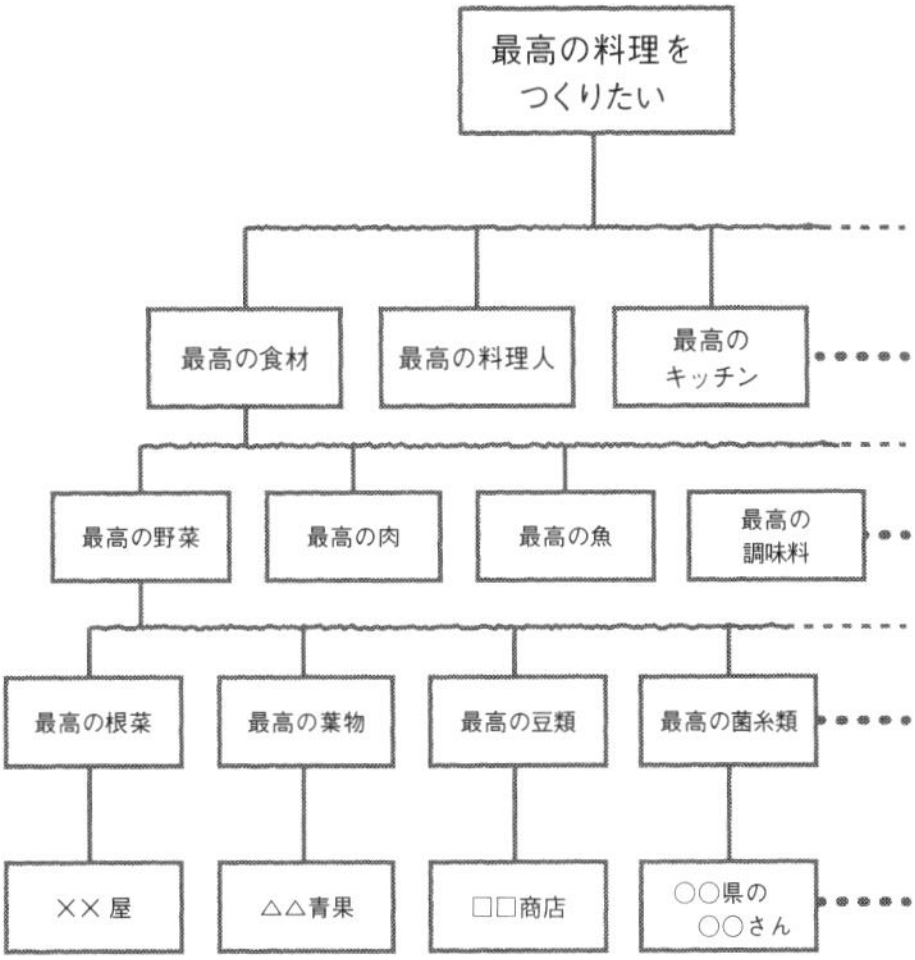

ピラミッド型の論理構造

と言われています。

②全体を再構成すること

いったん小さく切り分けた部分をピラミッド型の論理構造で正しく結びつけ、全体を再構成しましょう。その際、ピラミッドの上位は下位の「主張」となり、下位は上位の「論拠」となります。この主張と論拠の連鎖で小さな部分をつなげていくのです。

たとえば「最高の料理をつくるのには、どうしたら良いか？」をロジカル・シンキングしましょう。「最高の料理」はそのままだとどこからどう手をつけていいのかわかりづらいので「最高の食材」「最高の料理人」「最高のキッチン」……など小さな部分に分けていきます。こうすることで考えやすくなりますよね。「最高の食材」はさらに「最高の野菜」「最高の肉」「最高の魚」「最高の調味料」……などに分けられます。この時「最高の料理」だと主張できるのは「最高の食材」等々という論拠があるからであり、さらに(もうひとつ下の階層では)「最高の野菜」「最高の肉」等々という論拠があるから、という構造になっています。

皆さん、もし「さぁ、レストランを始めよう!」となったら、立地は?シェフは?メニューは?……と考えませんか? どうもぼくたちはこうして無意識に整理して考える習慣が身についているようです。どこまで厳密に実践しているかは個人差もあるでしょうが、これこそ「脳みそ」らしい理性的で正しい思

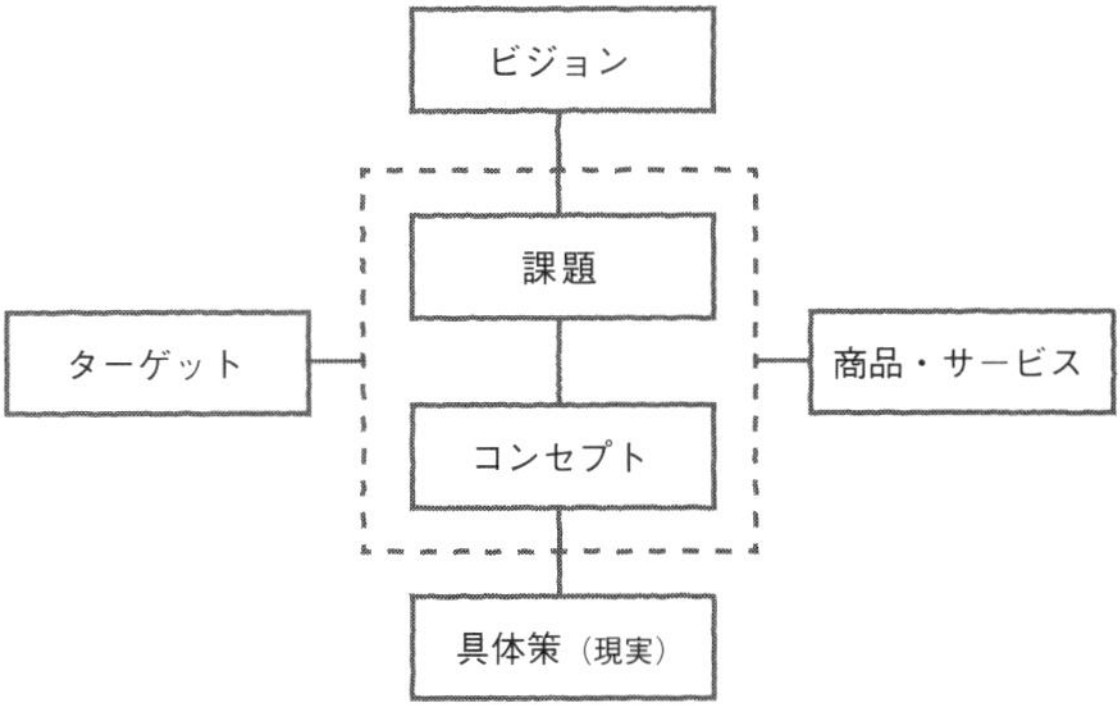

身体的思考の「十字フレーム」

考パターンといってよいでしょう。

しかし書道家が「頭」から「手」を解放したように、イノベーションを起こすコンセプトをつくるためには、「脳みそ」から「身体」を解放するまったく別の方法論が必要です。そんな身体的思考の全体像は、上にあるような「十字フレーム」でまとめることができます。

ビジョンで論理的に管理するマネジメント軸

イノベーションを起こすためには

ふたつの相互作用が必要です。そのひとつは組織や個人の「ビジョン」と「具体策（現実）」の間の行ったり、来たり。これが客観的で論理的な「マネジメント軸」。もうひとつは「ターゲット」と「商品・サービス」間の行ったり、来たり。これが主観的で感覚的な「コミュニケーション軸」。コンセプトはこのふたつの相互作用を通じて生まれます。そしてこのふたつの軸を両立させる思考方法こそが身体的思考です。

まず、マネジメント軸から始めましょう。もしいままでの延長線を頑張れば何とかなりそうならイノベーションとかコンセプトみたいに面倒なものは不要です。でも、いままでのやり方では限界が見えている場合、ぼくたちはいまの常識を覆さなければなりません。さて、ここで考えたいのは、常識を覆すコンセプトが「自由奔放な思いつき」で良いのだろうか？という点です。「特別な生産者の和牛」（尾崎牛）にせよ、「空飛ぶバス」（ＬＣＣ）にせよ、「芸術は爆発だ」（岡本太郎）にせよ、単なる思いつき以上の説得力がありますよね。そこでコンセプトの品質をきちんと管理するためのフレームが「マネジメント軸」です。

あらゆるビジネスが目指すのは「持続的な利益創出」ですが、そのために何をしたってよいのではありません。ジム・コリンズ『ビジョナリーカンパニー』によれば、「ビジョン」とは「単なるカネ儲《もう》けを超えた基本的価値観と目的意識」「現実的な理想主義」といったことを指します。みんな利潤と同様に（場合によってはそれ以上に）「これを通じて社会に貢献しようという思い」を実現するために頑張っているのです。ましてや非営利団体であればその思いはより一層明快でしょう。しかしその「ビジョン」というのはたいてい「具体策（現実）」と対立してうまく行きません。これを何とかしようという情熱がコンセプトづくりの原動力のひとつです。そしてなぜビジョンが実現しないのか考えているど、ボトルネックが見つかります。それを「課題」と呼びましょう。この課題を解決する新しい視点が「コンセプト」であり、このコンセプトを現実に表現したものが「具体策（現実）」です。

「ビジョン」「課題」「コンセプト」「具体策（現実）」は左の頁《ページ》にある図のように整理できます。「具体策（現実）」により「コンセプト」は実現し、「コンセプト」により「課題」は解決され、「課題」解決によって「ビジョン」が実現する、という構造です。それぞれの要素は脳みそで理解できるように、互いに主張と論拠となって論理的に結ばれています。たとえどんなに面白い着想であっても、このフレームで整理できなければコンセプトとは言えません。コンセプトは単なる思いつきではなく「ビジョンの実現に向けて課題を解決する新しい視点」なのです。

群馬県みどり市。わたらせ渓谷鐵道《てつどう》の走るこの町で、口に含めばジュワッと

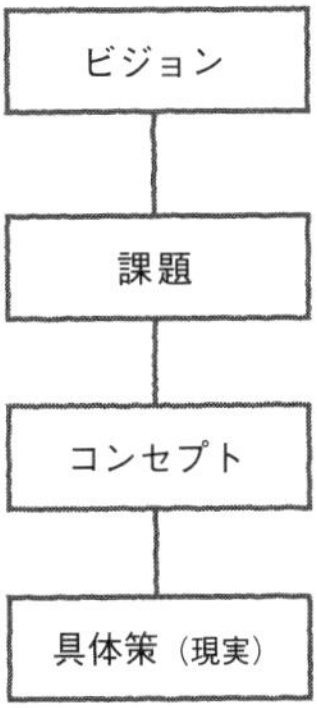

マネジメント軸の四つの箱

出汁《だし》が広がる「江戸前玉子焼き」を寿司《すし》店やデパートなどに卸しているのが山高食品です。「『いまの時代、安くないと売れないから添加物を使って効率よくつくってよ』とか言われるけど、自分が食べたいと思う品物だけをつくりたいから」と頑固に、正直にビジネスをしているのが社長の高山勝次さん。そしてその娘、高山翠さんが数年前スイーツの販売を始めたのでした。口どけがフワフワのシフォンケーキが評判で、玉子焼き工場のガレージセールは毎回多くのお客様で賑《にぎ》わったそうです。そこで地元の勢いをそのままにネット通販で全国進出を果たしたのですが、商品がなかなか売れずしばし呆然《ぼうぜん》……。ぼくが高山さんたちに出会ったのはそんなタイミングでした。

ちょっと冷静になれば、山高食品が通販サイトで苦戦した理由は明らかです。そのサイトにはスイーツだけで約三〇〇〇商品あったそうですが、お客様から見れば「フワフワのシフォンケーキ」をわざわざ送料を払って群馬から取り寄せる必要が感じられなかったからです。たしかに材料を厳選した、価格も手ごろな商品でしたが、まじめにつくれば売れるものではありません。お客様が見たこともない、いまの常識を覆すサーチライトが必要でした。そこでぼくたちがやったことをマネジメント軸でまとめると左上のようになります。

その時、山高食品には大企業のように明文化されたもっともらしい「ビジョ

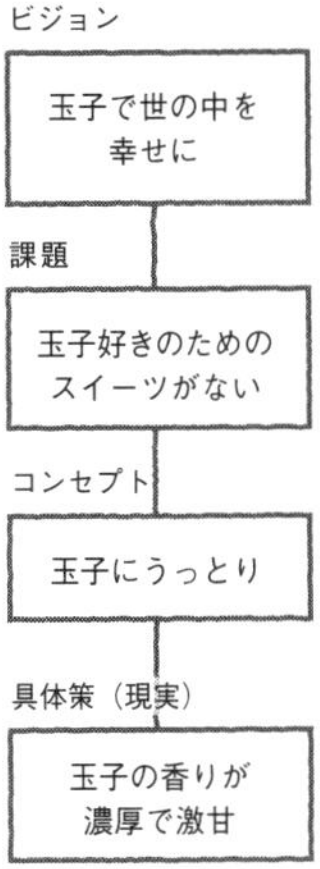

「天国のぶた」のマネジメント軸

ン」こそありませんでしたが、少しお話しすれば、彼らの「単なるカネ儲けを超えた基本的価値観と目的意識」はすぐわかりました。それは「玉子で世の中を幸せにしたい」という熱い思いです。冗談のように聞こえるかも知れませんが、彼らは本気なのです。玉子の話になると夢中になってしまう玉子職人の姿が印象的でした。

そのビジョンを実現するために「玉子好きのためのスイーツがな

い」という課題を設定しました。もちろんシフォンケーキだって玉子を使いますが、存分に玉子職人の腕前を発揮できるレシピだとは言えません。一方、世の中には玉子かけごはん専用醤油《しょうゆ》なんて商品が話題になるほど「玉子好き」が大勢いるにもかかわらず、必ずしも「玉子を満喫できるスイーツ」が多くないこともわかりました。たとえばプリンの場合、流行の「ふわとろ系」はクリームをたっぷり使った、むしろ牛乳に重点を置いた商品ばかりでした。「玉子好きのためにスイーツをつくれば売れる可能性がある」とわかったのです。

その課題を解決するために開発したのが「玉子にうっとり」というコンセプトです。多くのスイーツに玉子は使われますが、ほとんど脇役扱いです。しかしこのコンセプトでは玉子こそ主役。「濃厚な玉子感」を武器にして、思わずうっとり、誘惑に溺れてしまいそうな具体策を照らし出すサーチライトです。

具体策としては、スペインはアンダルシア地方の郷土菓子「トシーノ・デ・シエロ」というプリンのレシピを導入しました。ふつうプリンは「全卵・牛乳・砂糖」でつくりますが、トシーノ・デ・シエロは「卵黄・砂糖」(少量の水)のみ。とにかく玉子の香りが濃厚で激甘なのです。セビリヤのカフェで初めて口にした時、苦めのエスプレッソとの組み合わせが絶妙でした。これを玉子職人の高山翠さんがさらに美味《おい》しく再現。香りとコクに特徴がある複数の玉子をブレンドし、商品化しました。

と同時にデザインの専門家であるアートディレクター工藤章子さんと言葉の専門家コピーライターの岩田純平さんの力を借りて「商品の顔づくり」もしました。たとえばネーミング。「トシーノ・デ・シエロ」はそもそも中世スペインの修道院が発祥で、その意味は「天国のぶた肉」とか「天国のベーコン」という感じなんだとか。そこで商品を「天国のぶた」と名づけ、かわいらしいキャラクターをつくりました。さらに「たぶん世界一濃厚なプリン」というメインコピーを開発。その濃厚なプリンの誘惑にいつも負けちゃう「ぶた」の気持ちもシリーズで表現しました。

以上が「天国のぶた」のマネジメント軸です。「玉子で世の中を幸せにしたい」というビジョンは事業が進むべき方向性を示していました。「玉子好きのためのスイーツがない」という課題はこれから新たにつくらなければならない市場を描きました。「玉子にうっとり」スイーツというコンセプトはその新たな市場で中心を取ろうという意思を表現し、各具体策はそれが絵空事にならないことを明らかにしました。「玉子好きのためのうっとりスイーツで戦うのだ！」という戦略がここには明示されています。

マネジメント軸はビジョンと具体策（現実）の対立をどうすれば解消できるのか、という動きです。そのままではただの理想になりかねないビジョン

たぶん世界一濃厚なプリン「天国のぶた」

を、課題とコンセプトによって実現します。それぞれの要素がきちんと開発されれば「こんな市場で、こんなポジションを取る、こんなユニークな特徴を持った商品・サービスにしよう」といった戦略になります。それは新たに切り拓《ひら》く未来の話なので、必ず成功する保証などありませんが、こうすればうまく行くだろう道筋を脳みそが理解できるよう論理的に示すことができます。

ターゲットの気持ちを動かすコミュニケーション軸

コンセプトをつくるためにはマネジメント軸以外にもうひとつ、コミュニケーション軸が必要となります。それは「ターゲット」と「商品・サービス」の対立を解消するための相互作用。放っておいたら縁がないままに終わる両者を結びつける運動です。

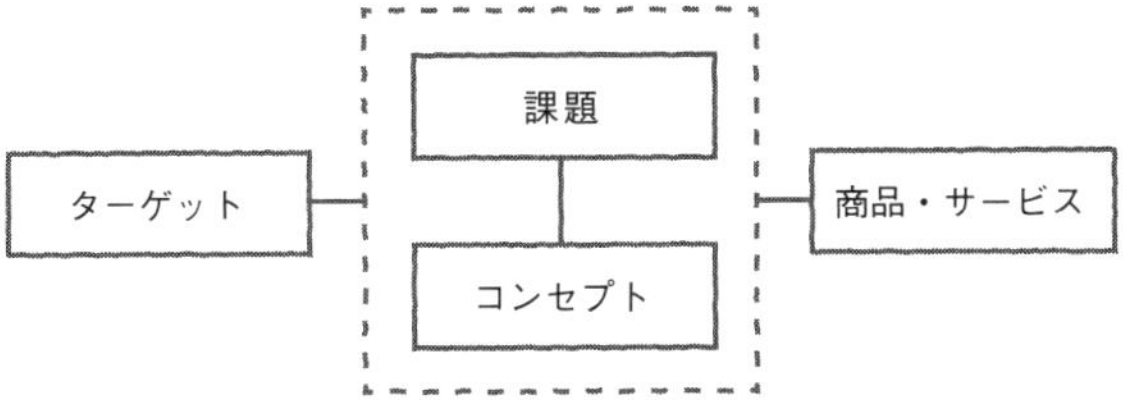

コミュニケーション軸の四つの箱

徒歩から馬車、自動車への進化。携帯カセットから携帯CD、MP3プレーヤーへの進化。改めてこういった事例を見ていると、イノベーションは「ひとの行動・習慣・価値観にもう元に戻れないような変化をもたらすモノ・コト」だなぁと実感できます。つまり単なる技術革新でないイノベーションは「ひとの気持ち」を動かして、その結果、行動・習慣・価値観を変えて初めて成立するのです。イノベーションにはコミュニケーションの問題という一面があります。

山高食品の事例で言えば、当初ターゲット（通販サイトユーザ）と商品・サービス（フワフワのシフォンケーキ）の間には何も関係がありませんでした。そこに「新しいつながり」をつくるべく、具体的に誰をターゲットにすれば良いのだろう？どうしたらその気持ちを動かせるだろう？と、あらゆる可能性を試行錯誤するのです。脳みそが正しいと思うかどうかより、ホンネで食指が動くことの方が大切になります。

結果できたコミュニケーション軸は、「玉子好きな甘党」というターゲットなら（「玉子好きのためのスイーツがない」という悩みを「玉子にうっとり」というコンセプトが解決してくれるので）「たぶん世界一濃厚なプリン　天国のぶた」に手を伸ばすだろうという意味です。「これは正しいの？」「他に手は

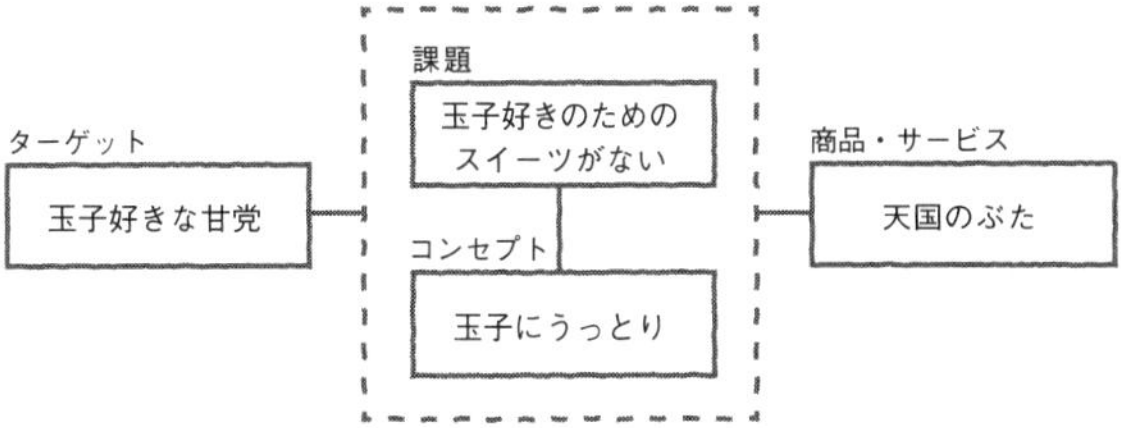

「天国のぶた」のコミュニケーション軸

ないの？」「データで証明できるの？」なんて重箱の隅をつつき始めたら永久に手を打てません。チームメンバー（あるいはリーダー）の人生経験から「これならターゲットの気持ちが動くだろう」と判断し、発売に至りました。

おかげさまで「天国のぶた」は好評です。もうガレージセールではなく、玉子職人にふさわしい新店舗もオープンしました。さらに「玉子にうっとり」というコンセプトに基づいて「天国のブタリーナ（エッグタルト）」や「天国の冷たいぶた（アイス）」などラインナップも増えていま す。やはり「玉子好きな甘党」というお客様はそれなりのボリュームでいらっしゃいました。

コミュニケーション軸が面白くて難しい原因は「ひと」にあります。そもそもターゲットは数値データで示されるほど薄っぺらな存在ではないのです。そのひとはきっとやさしくて意地悪で、丁寧で手抜きで、人づきあいがよく人見知りで、理知的でおバカで……複雑な内面を時と場合によって使い分けています。そんな人物を口説くためには、過去のデータが詰まった「脳みそ」だけでは不十分です。いまここにあって相手の気配を感じ、やるべきことを直感する「身体」を総動員して初めて道が開けます。全人格を懸《か》け「自分ゴト」で考え抜くのがコミュニケーション軸。ホンネベースの人間臭いアプローチです。

ところがいざビジネスとなると、どうも生真面目《きまじめ》に「脳みそ」ばかりになりがち。年齢や性別のような人口統計学（デモグラフィック）的特性でターゲティングをしたがったり、あるいは自分の都合でホンネからかけ離れた「幻のターゲット」を設定したりするのです。

以前、あるケーキ屋さんが「こんど地元で評判の地酒をたっぷり使った日本酒ケーキをつくろうと思います。ターゲットは甘いものが苦手な男性です」とおっしゃっていました。皆さんはこれを聞いて、どう思いますか？　意地悪なぼくの目には何ともウソっぽく映ります。なぜなら「甘いものが苦手な人は、そもそもケーキを食べないでしょ？」「ぼくは呑兵衛《のんべえ》だけど、日本酒は日本酒で飲みたいぞ」等々、ツッコミどころが満載だからです。そこにあるのは「甘いものが苦手でも、日本酒を入れたら男性向けになるんじゃないか？」という、とてつもなく楽観的な願望です。残念ながら「こうすれば食べたくなるね！」「これは旨《うま》そうじゃん！」という生々しい身体的な感覚が欠けています。

よく「わが子のためにモノをつくったら、広く愛される商品になった」なんて話を聞きます。そういえば尾崎宗春さんも「自分が感動していないのに、ひとを感動させることはできません」とご自身の感覚を牛づくりの基本に置いていらっしゃいました。コミュニケーション軸を成立させるためには、そのくらい深くリアルに、身体的な感覚に根差して物事を考えなければなりません。

ターゲットと商品・サービスの間をホンネで結ぶ「コミュニケーション軸」。ビジョンと具体策（現実）の間をロジカルに結ぶ「マネジメント軸」。このふたつの相互作用を通じて身体的思考は行われます。書道家のアプローチと同じようにベースとなるのは理性、つまりマネジメント軸です。これを念頭に置きながら、実際にプロジェクトを進める時は身体的にコミュニケーション軸を考え抜き、最終的にマネジメント軸の理性でチェックをするという流れです。いくら正しくてもターゲットの気持ちを動かさないものは認められませんし、単にターゲットの気持ちを動かすだけでビジョンに合致しないものもまた認められません。

以上が脳みそから身体を解放する思考法の全体像です。

コンセプトづくりにビジョンは欠かせない

これを踏まえて、いくつか大切なポイントを確認しておきましょう。最初に押さえたいのは「ビジョンなくして、コンセプトはできない」という点です。

大手メーカーと商品開発をすると「企業のビジョンなんて、現場には関係ないよね」という方に出会います。中小企業の方々はしばしば「ビジョン」を持っていません。毒にも薬にもならない標語のような言葉が欲しいのではなく「単なるカネ儲けを超えた基本的価値観と目的意識」が見えないのです。先日も、とある銘柄牛が得意なお肉屋さんに「やっぱりこの和牛で商品開発をしたいのでしょうか？」と伺ったら、「いや、売れるんだったら何でもいいんです。国産牛でも、輸入牛でも。なんなら魚でも、野菜でも」と言われて途方に暮れました。「天国のぶた」の事例でわかるように、ビジョンこそが追求しなければならない領域をグッと絞ってくれるからです。

「ビジョン」はコンセプトづくりに欠かせません。別の言い方をすれば、同じテーマに取り組んでもビジョンさえ違えば、自《おの》ずとコンセプトは独自のものになります。たとえば……そうそう、和牛の話に戻りましょう。

冒頭でお話しした「尾崎牛」のビジョンは「世界の和牛」とでもいうべきものです。師匠である黒木さんの「宮崎が動けば世界が動く、かくありたい」を受け継いでいるからこその目的意識です。当然ながらこれは、常識を覆した他の銘柄牛と同じではありません。

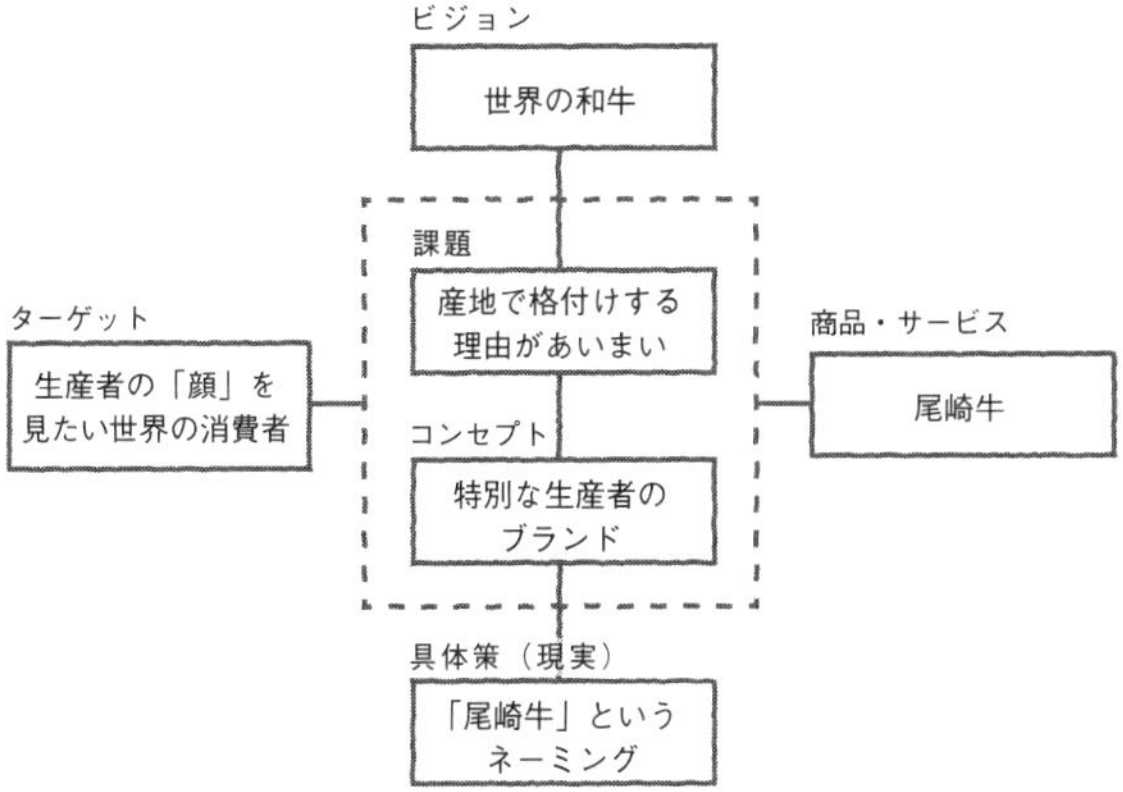

「尾崎牛」の十字フレーム

北海道南部にある北里大学獣医学部の研究施設、八雲牧場。ここでのんびり育つ和牛や国産牛が食《は》んでいるのは完全無農薬の牧草です。責任者の寶示戸《ほうじと》博士は「トウモロコシのような輸入飼料で霜降りを育てるのではいつまでたっても日本の食料自給率は改善できません。堆肥が土を豊かにして牧草が育ち、その牧草を牛が食べて堆肥ができる。北里八雲牛は完全循環型の畜産です」とおっしゃいます。つまりここのビジョン

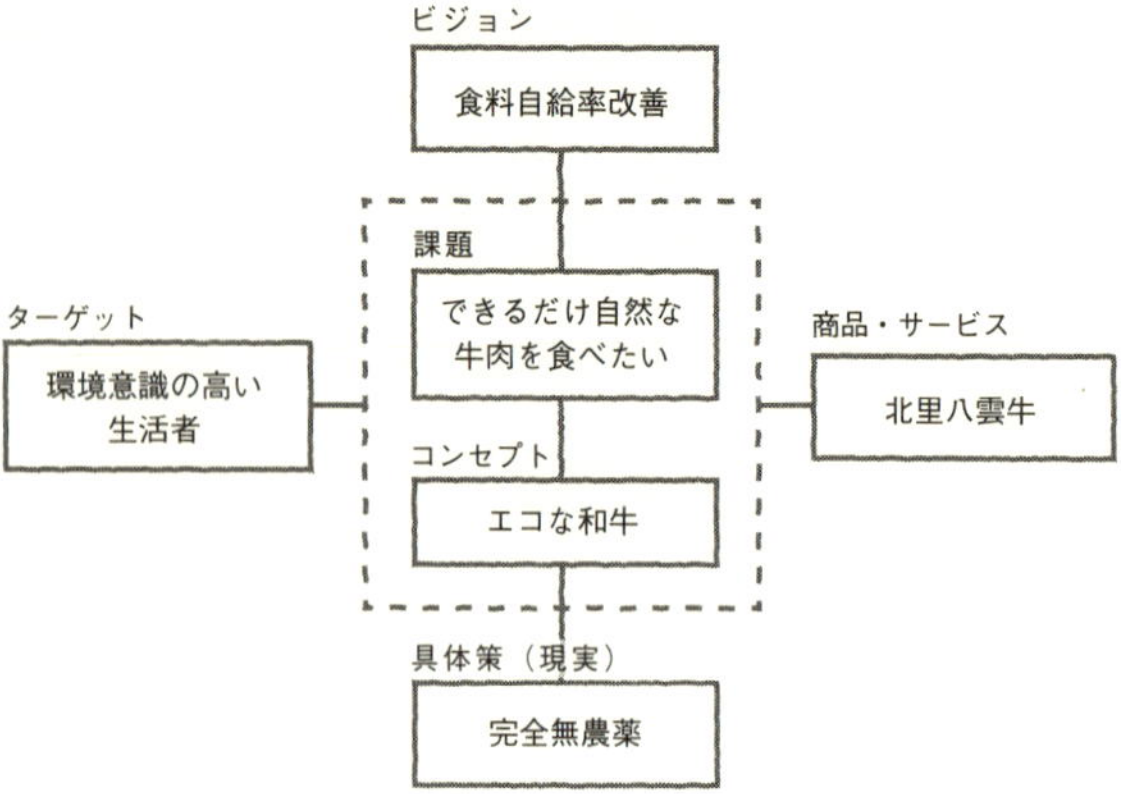

「北里八雲牛」の十字フレーム

は「食料自給率改善」と言えそうです。

そして、そのために「できるだけ自然な牛肉を食べたい」というターゲットの気持ちを「エコな和牛」で満たそうとしている、と読み解くことができます。それを実現するために育てられているのは（国産牛を除くと）和牛でありながらあまり脂肪（サシ）が沈着しない短角牛。サーチライトの照らし出す自然で健康的な方向性から言えば当然の選択であり、おおよそすべての和牛ブランドとの決定的な違いでもあります。ぼくは何度か口にする機会に恵まれましたが、牧草で育った肉特有の黄色い脂が印象的で、赤身肉をシンプルにガツンと味わうのに向いていていました。輸入飼料を使っていないので価格もそれなりですが、以前デパートで催事をやった時は行列ができる人気だったそうです。

尾崎牛と同じく和牛界の「常識」を打ち破った北里八雲牛ですが、そもそもビジョンが違うので（どちらが正しいかどうかではなく）自ずと別のサーチライトになった、というわけです。

他にも尾崎牛とは違うアプローチで「日本一」と称される和牛がありま す。日本最高峰の特産松阪牛の中でも、もっとも評価が高い枝肉を生産するおひとりの森本武治さんです。そのコンセプトは「家族同然に育てた和牛」。松本栄文『ＳＵＫＩＹＡＫＩ』を読むと、まるで家族の一員のように牛を育て、市場に送り出し、感謝しながらすき焼きでそのお肉を味わう姿が描かれて

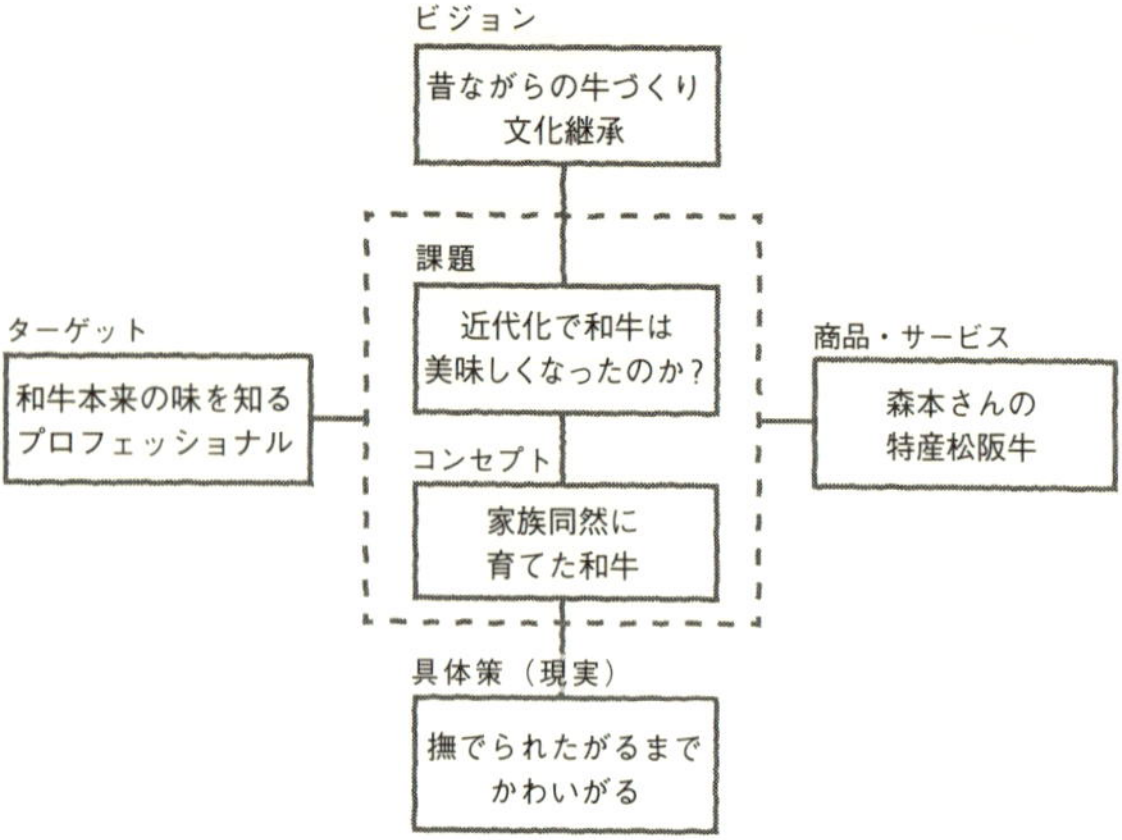

「森本さんの特産松阪牛」の十字フレーム

います。ぼくの友人で老舗和牛卸の小島康成さんが教えてくださいました。「森本さんが愛情をこめて『牛さん、牛さん』って呼ぶと、牛の方から撫《な》でられたくて寄って来るんです。商売柄、いままで数えきれないくらい牛舎に行ったけど、こんな人懐っこい姿は他で見たことがない。飼っているのではなく、一緒に暮らしている。ストレスもないから、肉質も良くなる。まさに昔ながらの育て方ですよね」

「昔ながらの牛づくり文化」を守っ

ていこうというビジョンと、和牛畜産の効率化、近代化に対する課題意識が森本さんの取り組みを支えているのでしょう。

実はぼく自身も「和牛の常識」にチャレンジしています。山形県尾花沢市の畜産家の皆さんとともに「日本一美味しい和牛をつくろう」というビジョンのもとつくった「雪降り和牛　尾花沢」ブランドがそれです。その特徴は大きくふたつです。ひとつは日本三大豪雪地にも数えられる厳しい冬の寒さから身を守るため、和牛が淡雪のように上質な脂を自然に身につけること。もうひとつは徹底した長期肥育。データによるとオレイン酸が増え、旨みが増すことが証明されていたからです。正直、ある程度牛が大きくなった後でさらに飼い続けることは「キロいくら」のビジネスをしている畜産家にとっては気の進まない取り組みでした。しかし関係者一同あくまで「日本一美味しい和牛」を求め、未経産メス牛の「三二カ月以上肥育」を実現したのでした。

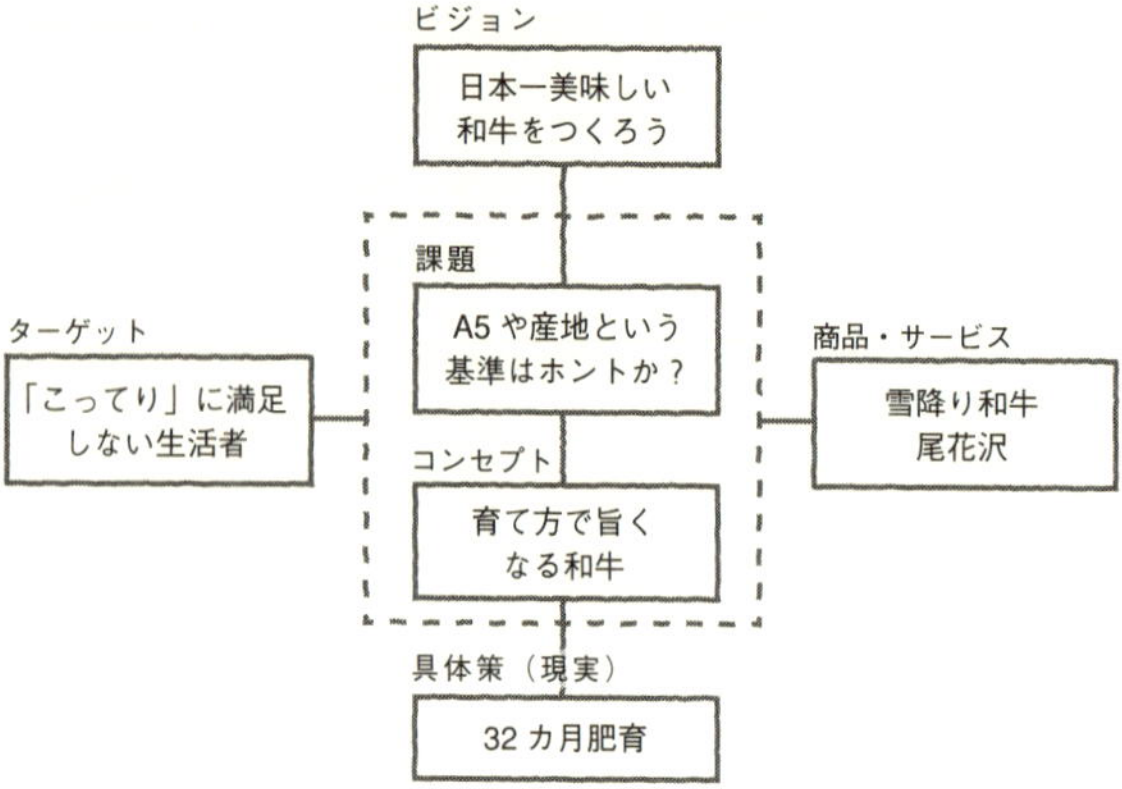

「雪降り和牛　尾花沢」の十字フレーム

これは「どこで育ったのか？」という競争ではなく「どうやって育ったのか？」という競争を仕掛けようという取り組みです。おかげさまで登場以来、銀座三越では定番として扱っていただいています。自分が関わった商品なのでなかなか公平な評価をできませんが、脂肪は軽く、肉質も柔らかで旨み豊か。贅沢《ぜいたく》が許される時、わが家のローストビーフは「雪降り和牛　尾花沢」で決まり。

とはいえ「世界の和牛」の尾崎牛、「食料自給率改善」の北里八雲牛、

「昔ながらの牛づくり文化を守る」森本武治さんの特産松阪牛。こういった素晴らしいブランドに比べると、まだまだ改善の余地がありそうです。

いずれにせよ、和牛ブランドの競争から抜け出す方法はひとつではありませんし、絶対的な正解なんて存在しません。このようにビジョンによってコンセプトや具体策は大きく左右されます。

他のひとがマネしたくならない具体策はあるか？

ふたつ目のポイントは「具体策（現実）」に関することです。改めてサーチライトの図を思い出してください。ここではいままで「常識」だと信じられてきたことが覆され、「新しい常識」が照らし出されています。つまり新しいコンセプトを持つということは、いままでの常識からすれば「どうしちゃった

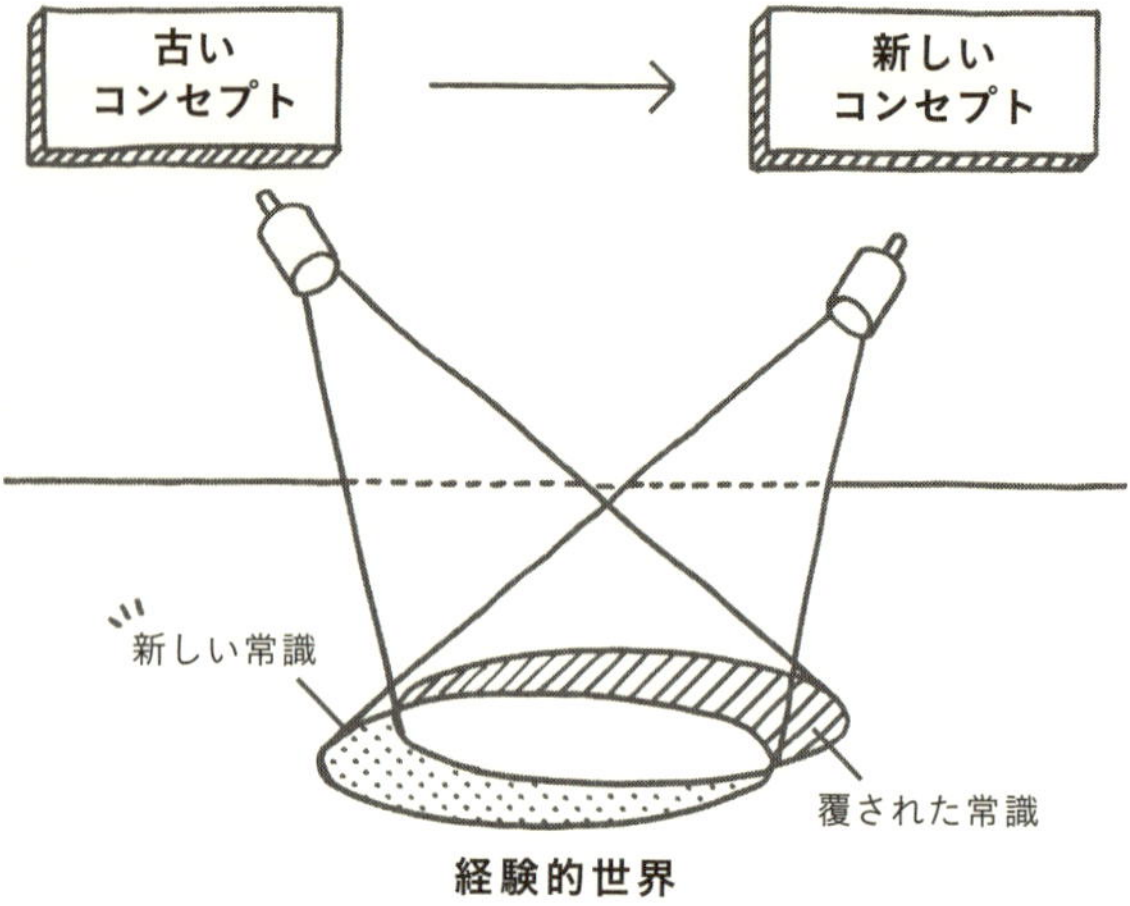

コンセプトで生まれる「新しい常識」

の?」でありながら、新しいコンセプトからすれば「そりゃ当然でしょ!」という具体策(現実)を持つということなのです。

ぼくたちをいま苦しめているのと同時に守ってくれているのが「いまの常識」です。和牛の世界で言えば「よくサシが入った肉(A5)が良い肉だ」「有名産地が良い肉だ」「生産者は産地ごとに協力して品質管理をするのだ」などがそれに当たるでしょう。濃厚プリンなら「生クリームたっぷり」「ふわとろ系」あたりでしょうか。多くの人がこの常識に守られてビジネスをし、実際に収益を上げています。いまの常識は、しばしばぬるま湯のように居心地がいいものです。

そういった人の目には「尾崎牛」というネーミングは奇異に見えるでしょう。他の畜産家が突然、伊藤牛や鈴木牛を名乗ったところでうまく行くわけもないからです。マネなんかしたくなりません。でも「特別な生産者の和牛」というコンセプトからすれば極めて当然の選択です。天国のぶたの「玉子の香りが濃厚で激甘」な味づくりも、ちょっとマネしづらい感じです。「玉子で世の中を幸せにしたい」というビジョンや「玉子にうっとり」というコンセプトからすれば一貫した打ち手なのですが、ふつうの洋菓子店がマネするのは、ちょっと憚《はばか》られるほど非常識な味わいだからです。ターゲットさえ好きになってくれれば他のひとに嫌われても構わないと覚悟したから実現できた強烈なレシピでした。

こういった一見すると非合理だけれど、コンセプトからすると一貫した具体策（現実）のことを経営学の世界では「クリティカル・コア」と呼びます。楠木建『ストーリーとしての競争戦略』は「戦略ストーリーの一貫性の基盤となり、持続的な競争優位の源泉となる中核的な構成要素」と定義しています。尾崎牛は「友人の延長線上での流通」や「胃にもたれないお肉」などいくつもの常識を覆したわけですが、その中核になっているのは「尾崎牛」というネーミングです。常識に縛られた人たちが物理的に「マネできない」のではなく、サーチライトが違うから「マネしたくならない」というのがポイントです。

課題はひとの気持ちとして描かれる

ところで皆さん、「課題」ってどういう風なものだと思いますか？　広辞苑によれば「題、また問題を課すること。また、課せられた題・問題」とあります。うーむ、課されない問題ってあるのかな……。この本では先ほど「なぜビジョンが実現しないのか考えていると、ボトルネックが見つかります。それを『課題』と呼びましょう」と書きましたが、ボトルネックはいろいろなレベルで表現できそうです。だからでしょう、経営者の方に「御社の課題は何ですか？」と質問しても「十分な売り上げを確保できないんだよなぁ」とか「ヒット商品がないことですかね」など重要そうだけど、どう解決したら良いのかわからない問題がいっぱい羅列されたりします。

そこで身体的思考をしっかり機能させるためにお話ししたい最後のポイントは、コミュニケーション軸とマネジメント軸の交差点にある「課題」を「ターゲットの気持ち」として描こうということ。なぜなら、イノベーションはコミュニケーションの問題としてとらえ直すことができるからです。別の言い方をすると「ターゲットは、なぜその商品・サービスを買わないんだろう？」という問い掛けは、コンセプトを考え始める良いきっかけになります。そうすることで自然に「気持ち」の中に入っていき、うまく行かない理由、つまり課題に対して自分ゴトのように向き合えるのです。

「天国のぶた」を開発する時も、フワフワのシフォンケーキを「なぜお客様は買わないんだろう？」という疑問からスタートしました。その答えは「わざわざ選ぶ理由がないから」でしたが、その後もしつこくターゲットの気持ちと向き合いました。そして「トシーノ・デ・シエロ」の玉子濃厚なレシピに出会い、具体的な商品イメージが浮かび上がって来ても、こんどは「なぜターゲットはそれを買うんだろう？」（答：玉子濃厚なスイーツに飢えているから）、「お財布は限られているわけで、これを買うようになったら何を買わなくなるだろう？」（答：クリーム濃厚なふわとろ系プリン）、「なぜ？」（答：濃厚好きの何割かは玉子濃厚を求めているから）等々といった問答を繰り返しました。その結果がコンセプトに収束していったのです。

「課題」は調査をすれば自動的に導き出されるものだと信じている人がいますが、とんでもない。ユニークな「コンセプト」を生むためには、ユニークな「課題」が必要です。「ひと」という生き物に対する深い理解が欠かせません。

「で、どうすればいいの？」

「いまの常識」を覆し、ひとの行動・習慣・価値観にもう元に戻れないような変化をもたらすイノベーションは、物事を新しいサーチライトで照らし直す作業です。そのサーチライトこそが「コンセプト」であり、「芸術は爆発だ」のように直感的に進むべき方向を共有できる言葉として表現されます。

この「コンセプト」は残念ながら過去の分析をどれだけ客観的に積み上げて

もつくることができません。なぜなら「これからの変化」だからです。書道家が「頭・目・手」を駆使して身体表現するように、イノベーションを求める人は脳みそと身体を両立させる思考方法を持たなければなりません。

脳みそが中心的な役割を果たすのは「ビジョン」と「具体策（現実）」の対立を解消するための論理的思考でした。一方身体は「ターゲット」と「商品・サービス」を結びつけるために経験や直感といった主観を活用する役割を果たしました。このふたつの相互作用でつくられた「コンセプト」はターゲットの気持ちを強く動かし、そのひとの行動・習慣・価値観にもう元に戻れないような変化をもたらします。

これが身体で考えることの全体像です。

……なるほど。で、どうすればいいの？

ここでひとつ、ハッキリさせなければならないことがあります。「十字フレーム」はコンセプトを発想するツールとしては機能しません。一生懸命このフレームを埋めるだけでは身体的思考にならないのです。これはあくまでコンセプトづくりに必要なふたつの相互作用を整理したもの。手に入れたコンセプトをチェックすることはできますが、それ以上でもそれ以下でもありません。

でもご安心ください。広告会社には身体的思考の伝統があり、その具体的な進め方に関する方法論があります。第二章でそれをご紹介しましょう。

第二章　こびととつくるコンセプト

広告会社の思考伝統

客観的な事実を論理的につなげるだけでなく、経験や直感のような主観をも活用する「身体的思考」には明確なプロセスがあります。その古典的なモデルはアメリカ最大の広告会社だったＪ・Ｗ・トンプソンの副社長Ｊ・Ｗ・ヤングが一九四〇年に出版した『アイデアのつくり方』で紹介されています。

＊＊＊

第一　資料集め――諸君の当面の課題のための資料と一般的知識の貯蔵をたえず豊富にすることから生まれる資料と。
第二　諸君の心の中でこれらの資料に手を加えること。
第三　孵化《ふか》段階。そこでは諸君は意識の外で何かが自分で組み合わせの仕事をやるのにまかせる。

第四　アイデアの実際上の誕生。〈ユーレカ！　分かった！　みつけた！〉という段階。そして

第五　現実の有用性に合致させるために最終的にアイデアを具体化し、展開させる段階。

＊＊＊

これはイギリスの社会学者グラハム・ワラスが二〇世紀初頭に提唱した「四段階説」（準備期→孵化期→啓示期→実証期）をベースにしています。ここで言う「アイデア」はもちろん単なる「思いつき」ではなく、ぼくたちがこの本で話してきた「コンセプト」と同じようなものだと考えて差し支えありません。いろいろ資料を集めて考えていると、ある日突然「ひらめき」のようなものがやって来て、それを具体化していくのだ、という流れは多くの人の実感に合っていたからでしょう。『アイデアのつくり方』はいまもなお世界中の読者

に愛されています。

しかし、ここで示された流れはあまりにも曖昧すぎます。現実のビジネスでは「ひらめき」を待って仕事から手を離すことなんてできません。身体的な思考が得意なはずの広告業界が一〇〇年もの間、これを進化させることなく放ってきたことは少なからず驚きです。そこで現代に即したステップを示すために、組織が知識創造を通じてイノベーションを起こす仕組みを説明したSECIモデル（共同化→表出化→連結化→内面化）に注目しました。詳細は前著『〈アイデア〉の教科書』に書いたので省略しますが、最近経営学の古典として扱われることもあるこのモデルは、個人のクリエーティブな発想プロセスを説明するためにとても有効だからです。SECIを理論的背景とし、広告会社である電通の日常を観察して開発したのが「ぐるぐる思考」です。

ぐるぐる思考は「感じる」「散らかす」「発見！」「磨く」という四つのモー

ぐるぐる思考

ドからなっています。その前半はコミュニケーション軸を、後半はマネジメント軸を中心に考えを進めます。ここで示されたステップを一周することで、身体的な思考ができるのです。

ぐるぐるの準備

　ところで先日、ドイツのザワークラウト（酸っぱいキャベツ）を白菜の古漬けで代用できないかしらと思いつき、自家製の漬物を一カ月かけてしっかり乳酸発酵させました。それを豚バラと煮込み、ひよこ豆のサラダ、パイ包み焼きにローストビーフなど、家に招いた友人用に一五〜一六人前はつくったかな。われながら「好きだねぇ」と思うのですが、そんなぼくでも料理に取り掛かる前にひとつ心がけていることがあります。それは、あらかじめほどよい空腹状態に整えておくこと。お腹がいっぱいだとまるでやる気が起きないのです。お客様は待ってくれないから手は動かすでしょうが、正直スイッチが入りません。

身体的思考もちょっとした準備をした方がうまく行きます。やらなくても何とかなりますが、やっておいた方がスムーズにスタートできるのです。具体的には、これから取り組むプロジェクトについて「いまの常識って、なんだろう?」と考えることをオススメします。ぼくたちが手に入れたいのは常識を覆す「サーチライト」ですが、古いサーチライトを知らずして新しいものを手に入れることはできないからです。

ひとつ事例をご紹介しましょう。電通グループに「よんななクラブ」という会社があります。地元のことを知り尽くした全国の地方新聞四五社、四六紙と電通が出資して設立した会社で、各地方の「こんなのあるんだ！」という掘り出し物が見つかるECサイト（ネット通販）を中心にビジネスを展開していま す。ある時、この会社に出向していた古市良成さんから「社長が『よんななクラブらしいカタログギフトをつくれ』と言ってるんですけど、どうしたら良いでしょうか？」と相談を受けました。当時はまだ商品開発の経験も多くなかったので「困っちゃったな……」だったのですが、一方で「カタログギフトって、みんな同じだから面白いかも」とも思いました。いま世の中にあるカタログギフトが「常識」に縛られているなら、チャンスがあるだろうと予感したのです。

たとえばカタログギフトにはどんな「常識」があるでしょう？　「デパートやギフト会社が売るもの。最初に食べものがあって後の方に雑貨が載っているもの。雑誌／ブック形式のもの。申し込みはハガキやインターネットでするもの。買う人と受け取る人が別なもの。無難な贈りもの。三〇〇〇円か五〇〇〇円のもの……」こういったことはすべて「カタログギフトって、こういうものだよね」という常識です。そしていまカタログギフトでビジネスをしている人は、こういった常識に従って（と同時に守られて）いるわけです。ぼくたちはこれらのうちのどれかを覆さなければなりません。正直「いまの常識」なんて無数にあるので、この段階ですべてを列挙することなんてできませんが、サーチライトを照らし直すためには、いったん「いまの常識」に意識を向けることが効果的です。

ステップ1：感じるモード

古いサーチライトの確認が一段落したら、いよいよぐるぐる思考の第一歩、「感じるモード」の始まりです。このステップの目的は極めてシンプル。料理の食材を手に入れるように、コンセプトの材料を集めるのです。

どんな材料を手に入れなければならないかは十字フレームを見ればわかります。前にもお話ししましたが、コンセプトづくりは「ビジョンと具体策（現実）」、「ターゲットと商品・サービス」というふたつの相互作用を通じて出来上がります。したがって必要となる材料のひとつ目はこの四点に関するあらゆる情報です。いざプロジェクトが動き出すと関心が偏ることもありますが、「時代・社会（ビジョン関連）」「生活者（ターゲット関連）」「自社の商品・サービス（商品・サービス関連）」「広く競合の商品・サービス（具体策／現実関連)」という四つの切り口を忘れずに、しっかり情報を集めます。J・W・ヤングはこれを「特殊資料」と呼びました。別の案件になると直接生かすことはできないだろう、「今回のプロジェクトに特殊な」という意味です。

もうひとつ考えなければならないのは十字チャートの「課題/解決」で示されるポイントです。イノベーションにはひとの気持ちを動かすコミュニケーションの問題という側面がありました。それはまるで恋愛のように、ホンネで誰かを口説くプロセスです。そこでは机上の空論なんて役に立たず、努力、怠慢、成功、敗北、出産、死別などあらゆる人生経験が求められます。ヤングはこれを(人生とこの世の種々様々な出来事についての)「一般的資料」と呼びました。

コンセプトは「特殊資料」と「一般的資料」の組み合わせでできるのです。

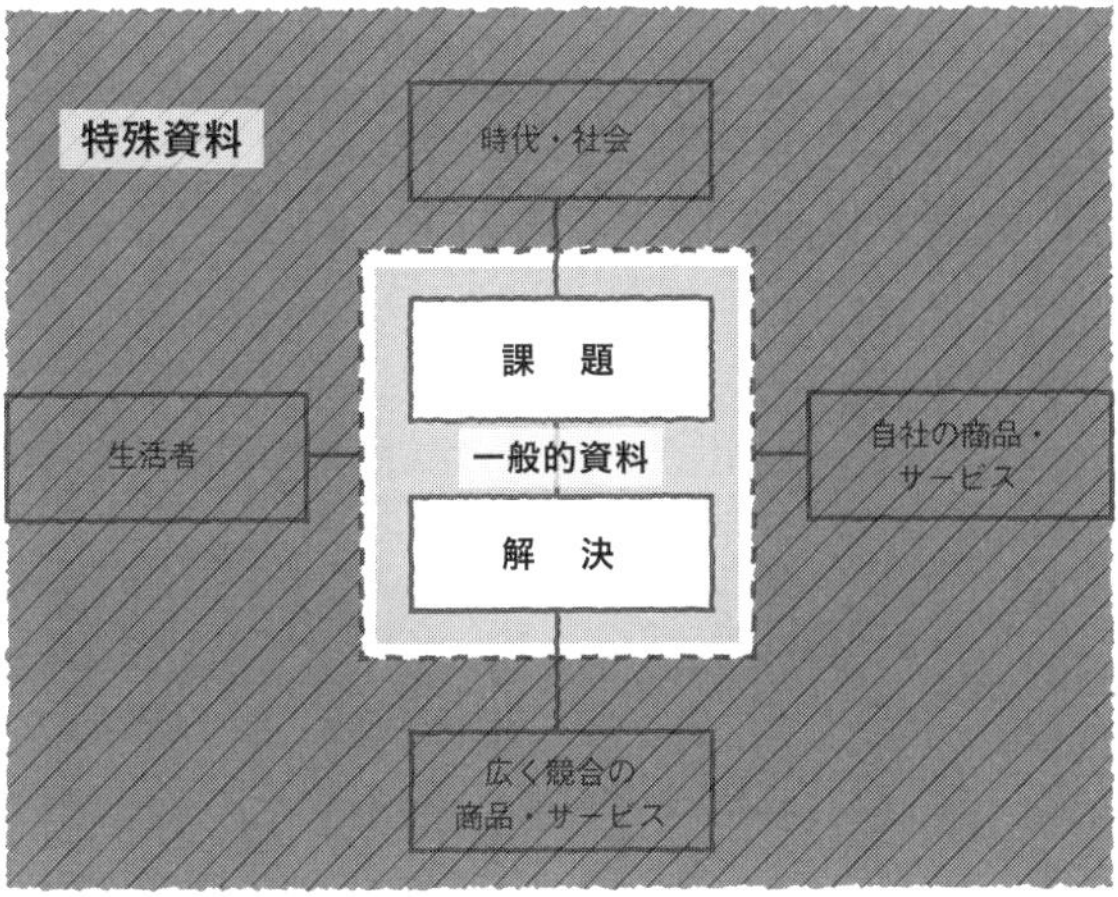

特殊資料と一般的資料

この材料集めに際して、とても重要なコツがあります。どうもぼくたちは資料を目の前にすると、それが正しいか正しくないか「判断」したくなっちゃいます。これはきっと「疑いをさしはさむ余地がまったくない」正しい材料のみで思考しなさいと主張したルネ・デカルトの影響でしょう。でも冷静に考えれば、この世に疑う余地がまるでない、一〇〇%信用できる話なんてほとんどないですよね。数値データだって、それがどこまで実態を表しているか怪しいものです。

そこで、どのような資料に対しても「判断停止」しましょう。それは「とりあえず、まぁ、そういう話もあるわなぁ」とカッコ付きで受け取るイメージ。油断すると「数値データはエライ」とか「噂話《うわさばなし》はアヤシイ」となりがちですが、そういった判断を棚上げするのです（哲学の世界では、これを「エポケー」というそうです）。

たとえばプロジェクトのために何百万円もかけて調査をすると、それ以降の議論はすべてその調査に基づくのが「正しい」と錯覚しがちです。しかし精密な設計に基づく難解な分析データも「とりあえず、ふむふむ」。喫茶店で隣り合わせたおばちゃんの噂話も「とりあえず、ふむふむ」。どちらも同じように身体で感じて蓄積していきます。

それは身体の外にある「資料」を、ぼくたちにとって意味のある「知識」にしていくステップです。別の言い方をすれば、自分の体内に現実社会を映し出す「こびとの世界」をつくるようなもの。目の前にある現実を自分の中にすっぽりと取り込んで再現できるまで、ありとあらゆる資料を集めていくのです。

カタログギフト開発の感じるモードでも、まさにありとあらゆる資料をエポケーしました。市場動向データも「とりあえず、ふむふむ」。よんななクラブにはどんな商品があって、どれが人気を集めているかも「とりあえず、ふむふむ」。「地方を元気に、日本を豊かに」という会社のビジョンも「とりあえず、ふむふむ」。とはいえこうした客観的な資料だけでは実感のある「こびとの世界」なんてできません。

そこで主観的な思いや経験も同じように資料として受け入れて行きます。たとえばぼくにとってカタログギフトは、ほぼ「和牛の注文書」です。というのもカタログに載っている食器や雑貨は要らないし、干物やフルーツもイマイチ、でも日頃自分のために買うこともない和牛なら贅沢《ぜいたく》気分を味わえるからです。脇目も振らずお肉のページを開き、候補のグラム数をチェックして、とにかく一番お得そうな商品番号を選んで注文します。これがどのくらい一般的なのか知りませんが、そんな自分の経験も「とりあえず、ふむふむ」。お歳暮を受け取る妻の様子も「とりあえず、ふむふむ」。結婚式の引き出物をカタログギフトにした後輩も「とりあえず、ふむふむ」。

こんなことを繰り返しているうちに、客観的な資料だけでは虚《うつ》ろだったこびとの世界に魂がこもって来て、だんだん現実世界の映《うつ》し鏡として機能するようになります。「こびとの世界」とはつまり「あのターゲットならこんなことを言いそうだ」「このひとなら、こんな反応をしそうだ」という感覚の集合体。自分の中に女子高生、サラリーマン、老人……いろいろな人物の「こびと」を養い、彼らと「商品・サービス」に関する対話を繰り返して「これだったら行けそう！」というコンセプトの芽を探すのです（この「対話」自体は次の「散らかすモード」の役割ですが）。

どうしてそんなことができるかと言えば、そこで暮らす「こびと」は半分他人目線で、半分ぼく自身の実感を持った生々しい存在だからです。たとえば「わたしは健康志向だから『カラダに良い』なら食べる」という表面的で「正しい」反応の代わりに、「わたしは健康志向だけど、ピンと来ないから食べない」といったホンネを見せてくれます。と同時に、こびとは単なるぼくの主観ではなく、女性であったり、お酒がキライであったり、ペット好きだったり、ぼく自身の中身とはまったく相容《あいい》れない人格を持っていたりします。資料から手に入れた他人の「脳みそ」に自分自身の「身体」的な感覚が組み合わさるイメージです。

こうして感じるモードで思考の箱庭とでもいうべき「こびとの世界」を手に入れたら、次の散らかすモードに進みます。

「こびとの世界」とは
「あのひとならこう反応しそう」
という感覚の集合体。

ステップ２：散らかすモード

資料が集まると、すぐ正しく「整理」したがる人がいますが、それではせっかく姿を現した「こびとの世界」という身体的な感覚が台無しになっちゃいます。ここから大胆に考え散らかしましょう。

「ブレスト（ブレーンストーミング）」は身体的思考が得意な広告業界で生まれた手法です。自由奔放に、批判厳禁で、もし可能性がありそうならどんどん便乗発展させて質より量を求めていくこのアプローチ。本来は集団によるアイデア開発の技法でしたが、散らかすモードはこのブレストをひとりでやるようなものです。

散らかすモードの目的は「どうすればターゲットの気持ちを動かせるか？」

について生々しく考え抜くこと。なので、こびとに対して商品・サービスをあれこれオススメすることになります。その商品が持つ「画期的な機能」だけで本当にターゲットは動くのか？　説明の仕方を変えたらどうだろう？　いやいや、全然違うアプローチの方が効果的？　それでもダメならターゲットを変えちゃうか？……そんなやり取りを繰り返します。合理的でもなければ素直でもないこびとをどうにかして口説くために七転八倒するのです。この世界で対話を繰り返しているうちに、どこかで聞いたような正論なんて吹き飛んじゃいます。その代わりにもっとイキイキとした、ウソがない、ひとの心を動かす突破口が浮かんできます。

ここにもひとつ、コツがあります。一般にまじめに取り組もうとすればするほど「かくあるべし、が故にかくあるべし」と思考が直線的になりがちなのですが、ここでは「行ったり、来たり」を忘れないことです。たとえば「プロダ

mmm...
商品・サービスとターゲットの間を
あーでもないこーでもないと
行ったり来たりします。
散らかすモードのこびと

クトアウト」といわれるつくり手目線のアプローチがあります。これは十字フレームの「商品・サービス」から出発して、一方通行で課題やコンセプトを考えようという取り組みです。逆に「生活者発想」だと息巻いて調査結果から課題を抽出し、それを前提にコンセプトを設定するケースもありますが、これも残念ながら一方通行です。こういった取り組みは一見正しいのですが、たいていいひとのホンネにはたどり着けていません。

どこかひとつの切り口から直線的に「どうすべきか?」を考えるだけでなく、時にはいったん手を止めて他の切り口を探ってみたり、試作品をつくって「なんでこれだとうまく行くのだろう?」「何が足りないのだろう?」と逆算したり、そんなこびととの対話を通じてターゲットのホンネを追い詰めていきます。

よんななクラブのケースは「なぜ人々は、いまあるカタログギフトを買うのだろう?」そして「買わないいんだろう?」という問い掛けからスタートしました。そこでは比較的年配なこびとが「相手が好きなものを選んでくれるから、カタログギフトは便利」と言うのに対し、若いこびとは「でも無難過ぎて、退屈」と反応しました。どうもある種のグループは贈りもので自分らしさを表現したがっていて、プレゼントのようにちょっとしたサプライズがある品物を探しているようでした。そういったこびとの様子は大きなヒントになりま

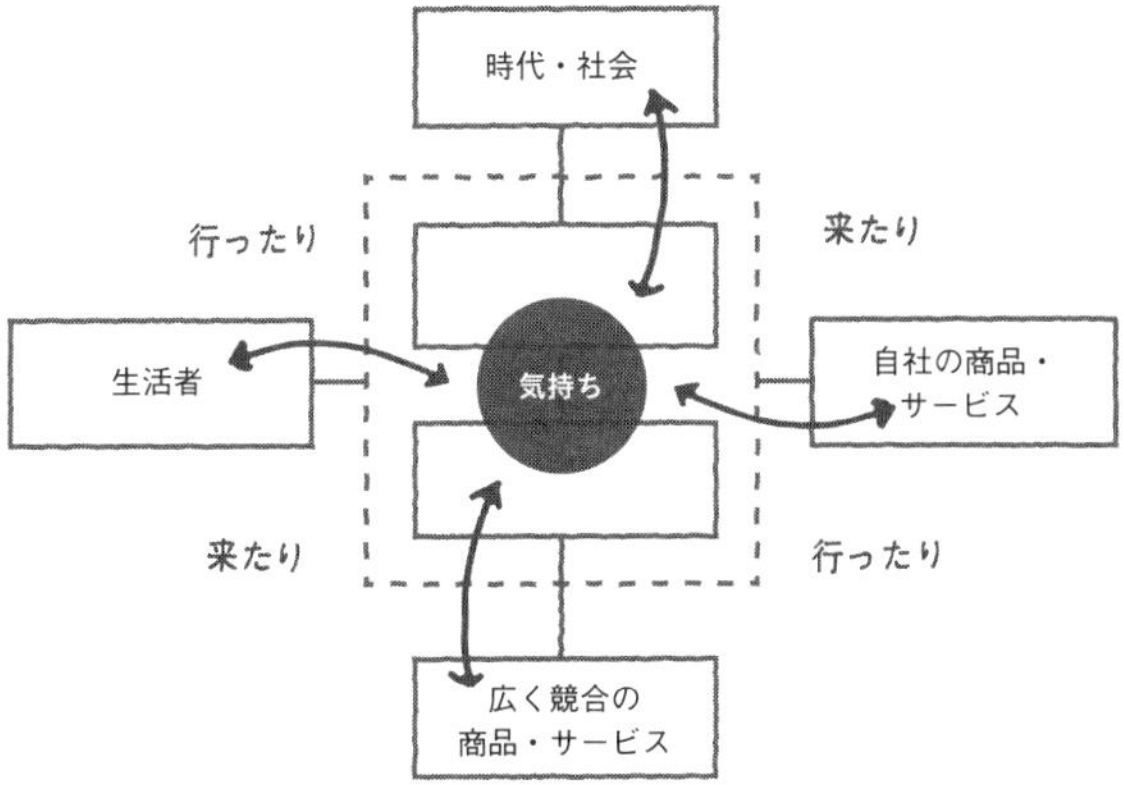

四つの切り口

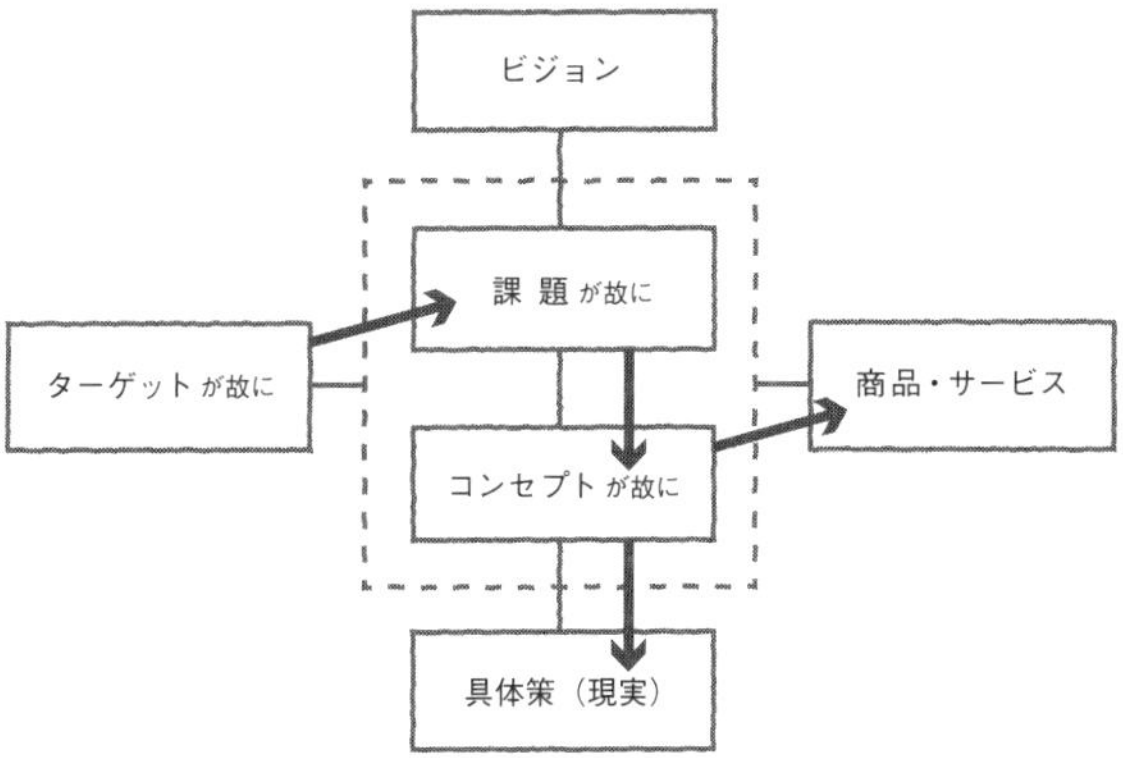

生活者発想という一方通行

すが、それだけに固執しません。「時代・社会」「生活者」「自社の商品・サービス」「競合」という四つの切り口から次々に、行ったり、来たりをしました。

たとえば「よんななクラブらしいカタログギフトって言うけど、そもそも『よんななクラブ』って何が魅力なんだろう?」なんてことも考えました。すると「単に地方産品が並んでいるだけなら、つまんないな」「地方新聞社にふさわしく、『こんなのありますよ!』というニュースを教えて欲しいな」とこびとは反応しました。「……とすれば、具体的にどうしよう?」「この具体策でこびとは動くかな?」こんな問答を繰り返したのです。

そうこうしているうちに浮かんで来たキーワードが「旅」でした。一般に他のカタログギフトだと地域性はそれほど感じられませんが、よんななクラブのECサイトは地方新聞社が全国津々浦々を網羅しています。それを見ていると北海道から秋田へ、そして新潟へ。列車で「旅」に出て、のんびり名物を見て回る感覚に近かったからです。

カタログギフトの試作品

そこでアートディレクターの工藤真穂さん、コピーライターの岩田純平さんと一緒に「『旅』なカタログギフト」をあれこれ考えました。たとえば新聞記者の取材旅行鞄《かばん》ってどうかな？　車窓から見える風景のようにカタログの商品を紹介できないかな？　こういった着想をすぐ「プロトタイプ（試作品）」をつくりながら検証するのです。脳みそで考えるなら「親しみやすさ」とか「読みやすさ」とか、あるべきカタログギフトの抽象論で直線的に正解へ近づこうとするのでしょうが、ここでやるのは身体を使った思考。試作品を前にこびとが「なんかイイんだよなぁ」と言えば、それは突破口の予感。そんな感覚を生んだ原因を具体的に追求します。こびとはなかなか手厳しいので「わかりにくい」「なんか違う」といったキツイ感想も口にしますが、商品・サービスとターゲット、時にビジョンとの間をあきらめずに行ったり、来たりするのです。

ステップ3：発見！モード

こうした苦しみを彷徨《さまよ》う中、第三段階「発見！モード」でようやく「コンセプト」を手に入れる瞬間を迎えます。これならこびとの気持ちが動くぞ！という身体的な実感を誰でも理解できる言葉に翻訳するプロセスです。別の言い方をすれば、もやもやしていた感覚が十字フレームの四つの箱に気持ちよくパチ

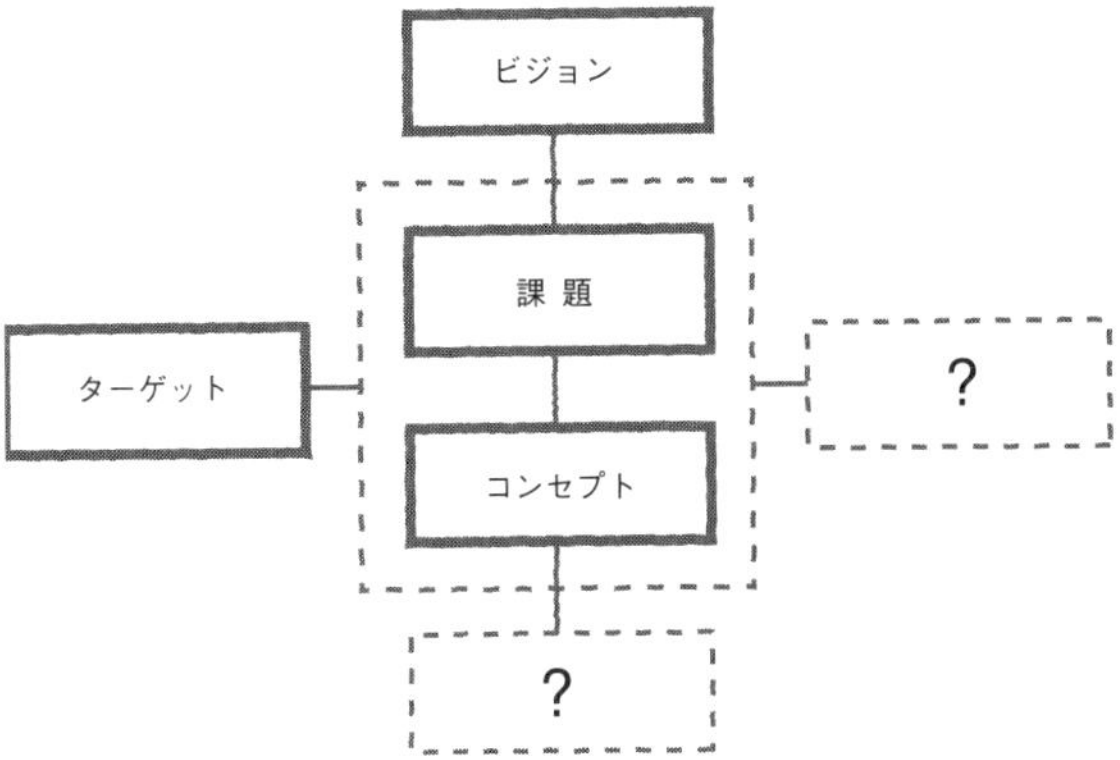

整理の瞬間

リと整理できる瞬間です。

そうです。「ユーレカ！」「ひらめき！」と言ってしまうといかにも偶然の産物のように勘違いされますが、コンセプト発見！の本質は「整理」。散らかすモードで七転八倒していると「コンセプトが見つかったかも!?」という予感が幾度となく訪れますが、その大半は十字フレームで冷静に検証すると幻と消えるフェイクコンセプトです。身体的に取り組んで来たコミュニケーション軸が「課題―コンセプト」でしっかり結びつき、脳みそ（マネジメント軸）でチェックしてもビジョンときちんと符合するものこそが本物のコンセプトです。

そしてここで強調しておきたいのは「課題はコンセプトの発見と同時に確定される」ということです。散らかすモードで行われたのは「かくあるべし、が故にかくあるべし」といった直線的思考ではなく「行ったり、来たり」でした。つまり課題が固定されてコンセプトが見つかるのではなく、課題とコンセプトのセットを探して試行錯誤していたのです。岡本太郎さんのビジョン「生きるよろこびとしての芸術」を実現する手段だってきっとひとつではなかったでしょう。しかし「うまいもの、きれいなもの、ここちよいものでは生きるよろこびとしての芸術を感じられない」という人々の潜在的な気持ち（課題）を「芸術は爆発だ」というコンセプトで解決するというセットで初めて道が拓《ひら》けたわけです。

さて。こびとをあの手この手で口説くプロセスは極めて感覚的、身体的でしたが、それを脳みそでも理解できる「コンセプト」に変換するにもコツがあります。それは「メタファー（暗喩）」。「時は金なり」がお金の特徴で時間の一面を説明したような手法です。

なぜならコンセプトとは「新しい」サーチライト。ぼくたちは既存のものを説明する言葉は知っていますが、新しいものを直接表現する言葉を持ちません。メタファーのようなたとえ話で初めてその意味するところを直感的に共有できるのです。実際、メタファーはこびとの世界の「それならいいかも！」という感覚を現実世界で他人にも通用する言葉に変換することができます。

たとえばLCC発案者が初めてコンセプトをチームメンバーに披露した時、「空飛ぶバス」なんて誰も現実には目にしたことがない代物だったでしょう。と同時に、それを耳にした人がちょっとでも想像力を働かせれば「なるほ

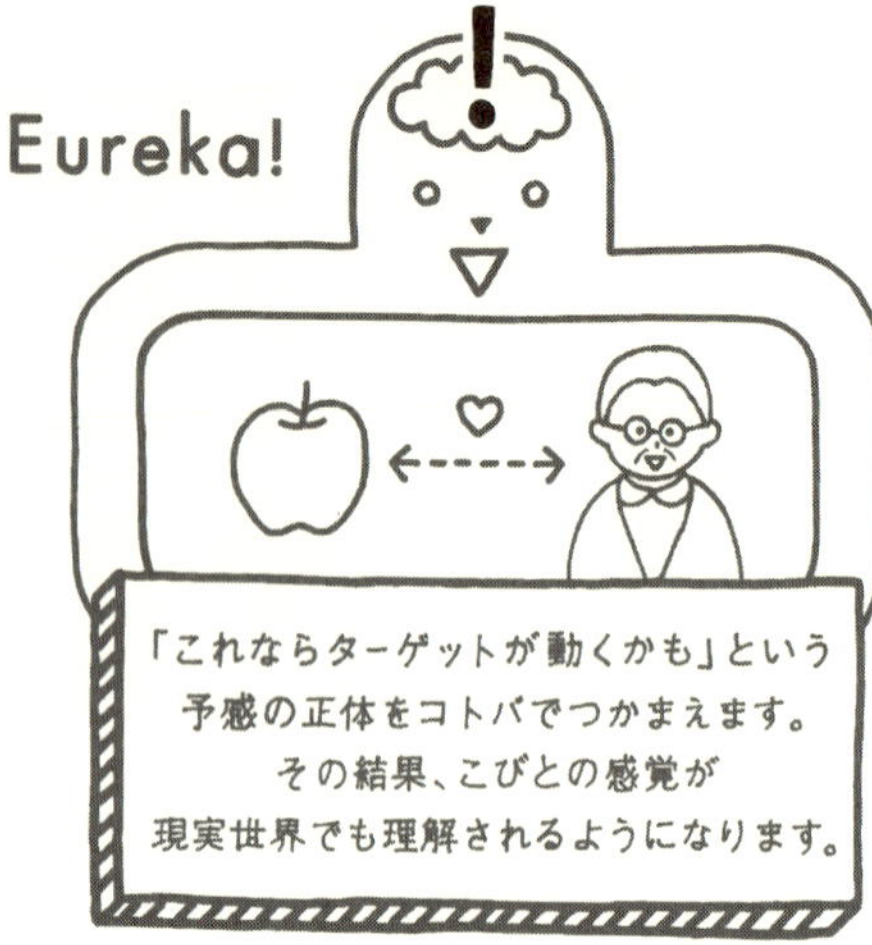
Eureka!
「これならターゲットが動くかも」という
予感の正体をコトバでつかまえます。
その結果、こびとの感覚が
現実世界でも理解されるようになります。

発見！する現実のひと

ど！」と直感的に進むべき方向性を共有できたはずです。つまり現実世界の住人がこびとたちと身体的な感覚を共有しながら前に進めるのです。これこそがメタファーのチカラ。「爆発」のような性質を持った「芸術」も、「特別な生産者」の「和牛」も同じ。どちらも発想時点では具体策のないメタファーです。身体的な感覚を「コンセプト」に表現するためには、この技術が欠かせません。

よんななクラブの場合、「旅」を

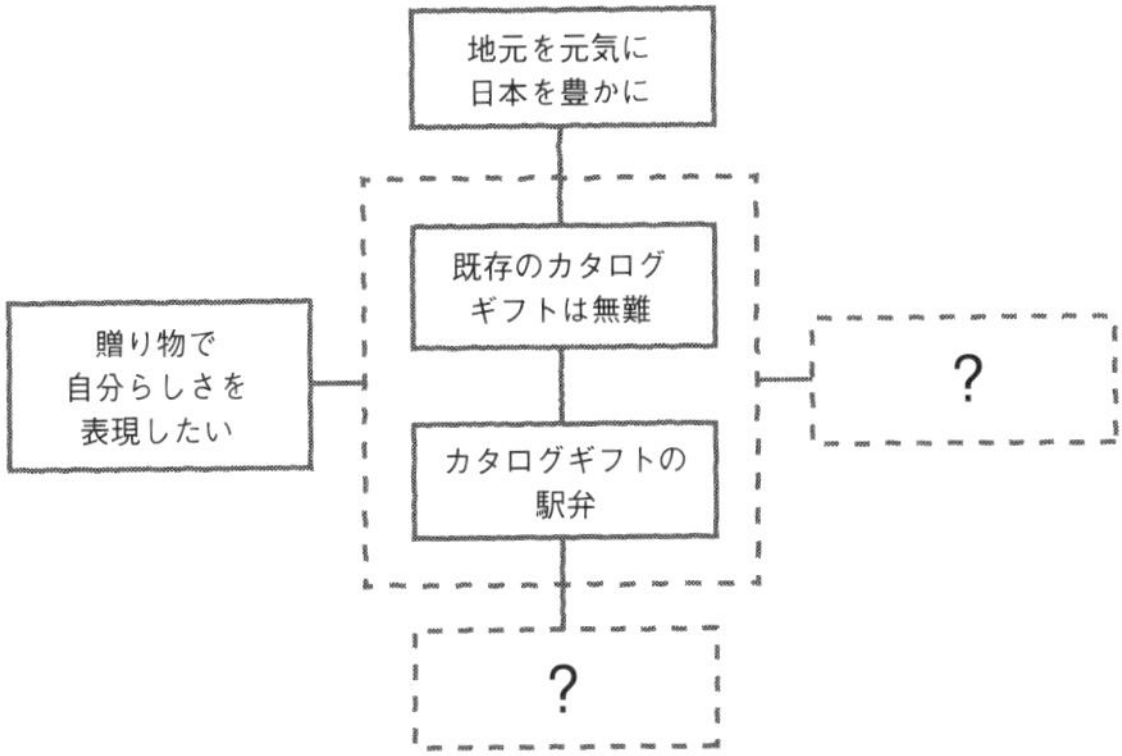

「贈りもの弁当」の十字フレーム

キーワードに考え進めていくうちに、「カタログギフトの駅弁」というコンセプトに行きつきました。従来は雑誌のようなブックタイプが常識でしたが、これを覆し、新たな市場を創造するサーチライトになりそうだったからです。そこでこれが思いつきの幻か本物のコンセプトなのか、十字フレームで検証してみました。するとコミュニケーション軸では「贈りもので自分らしさを表現したい」ターゲットの期待に「駅弁」のようなユニークなデザインであれば、応えられそうでした。さらにマネジメント軸ではそのコンセプトによって多くの人が地方産品に興味を持ってくれるので「地方を元気に、日本を豊かに」というよんななクラブのビジョンを達成できそうでした。

さらに「カタログギフトの駅弁」に従って試作品をつくっていく中で、もうひとつ「新聞記事を召し上がれ」というコンセプトも手に入れました。これは散らかすモードで「そもそも『よんななクラブ』ってなんだろう?」と考えたことがきっかけで生まれたもの。現実の作業ではこのように複数のコンセプトを組み合わせて、ひとつの形をつくっていくことは珍しくありません。むしろ複数のコンセプトがあるということは、複数の「いまの常識」を覆していることになります。もちろん具体策の中でそれをきちんと調和させる必要はありますが、うまく行った場合にはより大きな効果が期待できます。

実はぼくも長い間「コンセプトとは、その商品や戦略の『おへそ』だ」という中途半端な理解をしていました。その結果「あれ？　おへそがふたつもあるのって、おかしくない⁉」と混乱したものです。ひとつの商品・サービスに複数のコンセプトが含まれるのは自然なことですし「どっちがメインコンセプトか？」といった序列決めもあまり意味がありません。商談で特徴を説明するためには「カタログギフトの駅弁」が重要でしょうし、新聞社の資産をいかに有効活用するか議論する場であれば「新聞記事を召し上がれ」がメインになるでしょうし、それはその場の目的に合わせて変わってくることなので。

ステップ4：磨くモード

コンセプトを手に入れたら、あとは商品・サービスという具体策を形にするだけです。新しいサーチライトに従ってそれぞれの分野の専門家を集め、ゼロベースで全体を再構成します。個人の身体の中にあったこびとの感覚がコンセプトを通じて他の人々に共有され、みんなで力を合わせて常識を覆すのです。しかし、もうコンセプトは手に入っているから楽勝！と考えるのは早計でしょう。「死の谷（Valley of Death）」なんて呼ばれる最後の難関を越えなければなりません。その難しさは大きく三つあります。

ひとつは「理解の谷」。イノベーションは新しい取り組みであるがゆえ、事前に「間違いなく成功します」と証明できません。もちろんマネジメント軸で示される「こんな市場で、こんなポジションを取る、こんなユニークな特徴を持った商品・サービスにしよう」といった戦略はあります。それがどの程度通用しそうか調査で手ごたえを探ることもできるでしょう。でも「芸術は爆発だ」や「空飛ぶバス」がそうであったように、最終的には具体策を「やってみなければわからない」のです。そこでたとえば会社なら上司がゴーサインを躊《ちゅう》躇《ちょ》したりします。個人でも「本当に大丈夫かな？」という不安が拭えませ

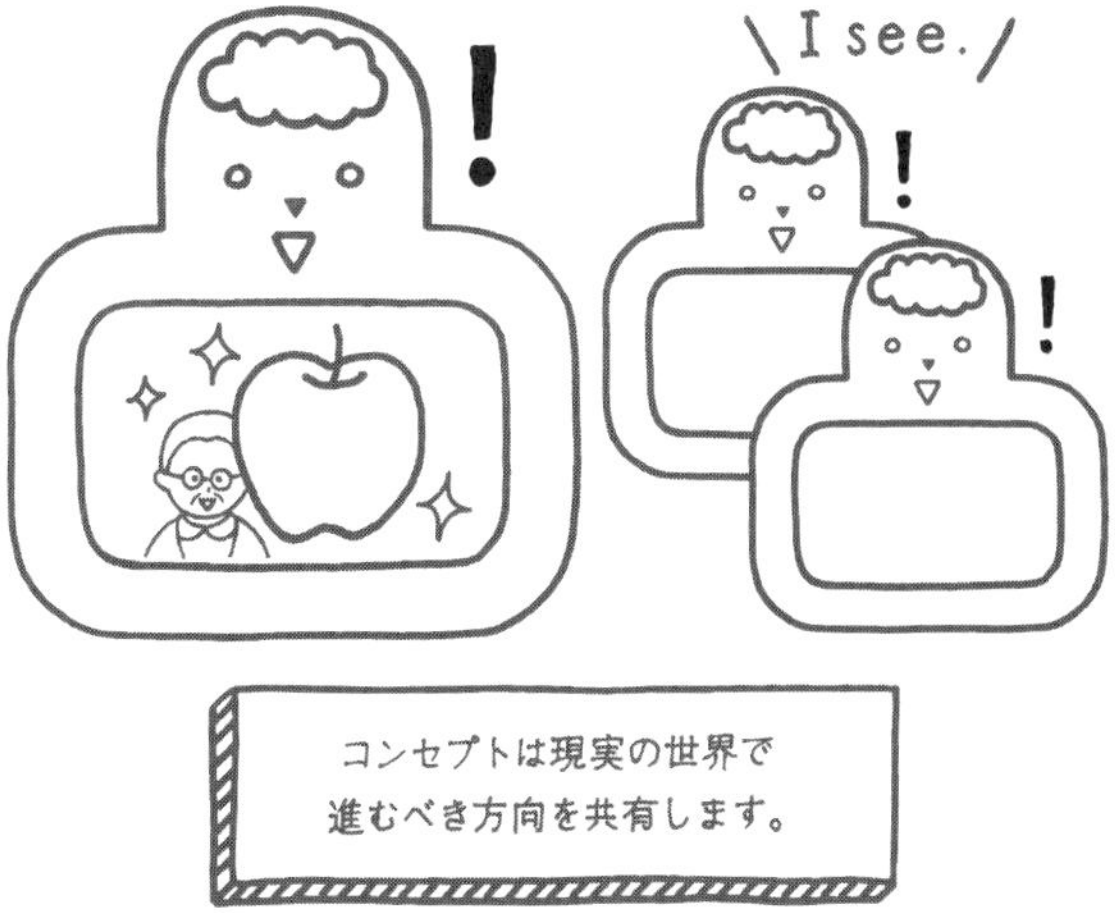
I see.
コンセプトは現実の世界で
進むべき方向を共有します。

磨く現実のひと

ん。このように客観的な「脳みそ」の理解とこれならうまく行きそうだという「身体」的直感のせめぎ合いは最後まで続きます。

ふたつ目は「習慣の谷」。ぼくたちはみんな「いまの常識」に守られているわけですが、この呪縛から逃れられないケースです。「カタログギフトって、ふつうこういうものでしょ」なんて言い始めたら危険信号。しっかりと「いままでなかったものをつくるのだ」と覚悟しなけれ

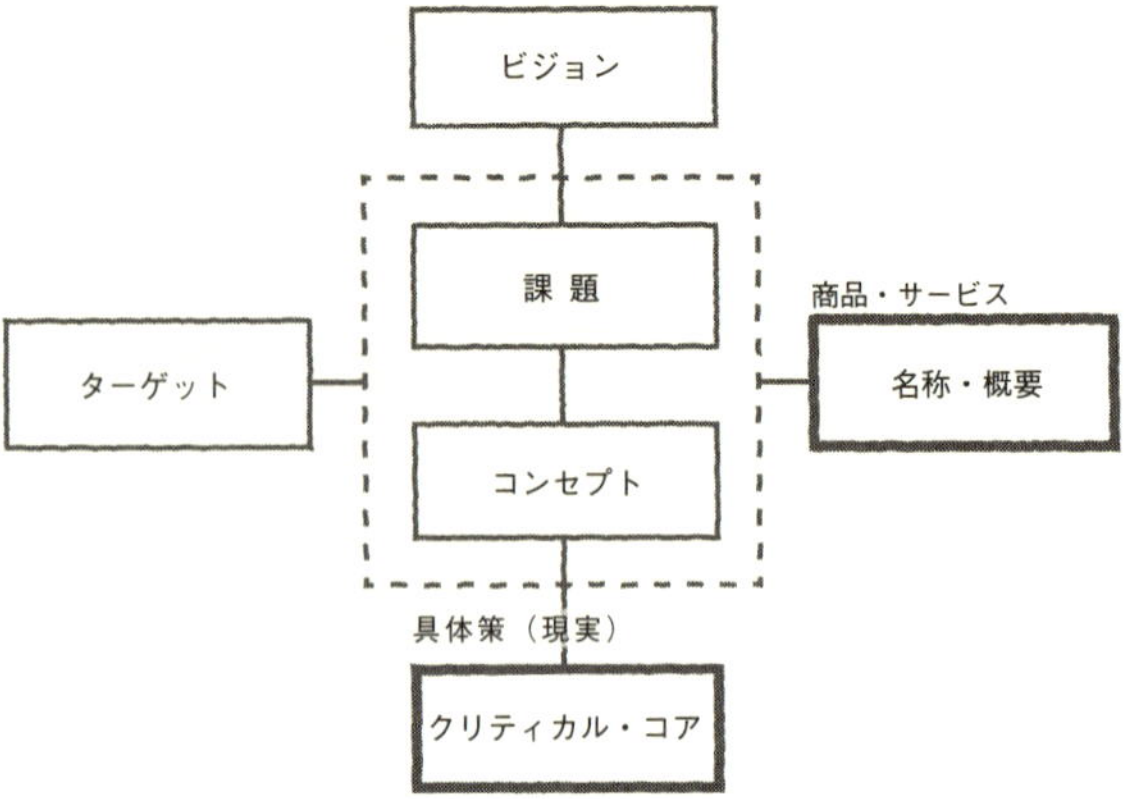

クリティカル・コアをチェック

ばなりません。磨くモードでは十字フレームの残されたふたつの箱を埋めますが、その時「商品・サービス」には商品・サービス名（あるいは概要）を、そして具体策（現実）のところには「他のひとがマネしたくならない具体策（＝クリティカル・コア）」を書き入れましょう。そうすることによって、習慣の谷を乗り越えられたかどうか、セルフチェックできます。

最後が「根気の谷」です。出来上

がってしまえば「そりゃそうだ」という具体策ですが、つくっている最中はホントに形になるかどうか見当もつきません。「カタログギフトの駅弁」だって難問でした。というのも「駅弁らしく」かつ「(五〇〇〇円、一万円する)ギフトにふさわしい上質感を持って」というパッケージなんて、いままで世の中に存在しないからです。リアルな駅弁をそのまま模倣したのではプレゼントっぽくならないし、上品にしていくと駅弁っぽさが失われるし。これを最終的にデザインできたのはアートディレクター工藤真穂さんの技術であり、彼女が「カタログギフトの駅弁」というコンセプトを信じて最後まで粘り強く頑張ったからでした。

こうして完成したカタログギフトは商品名を「贈りもの弁当」といいます。これを贈られた方はある日突然、駅弁のような弁当箱を受け取るのです。ふたを開けて梅干しごはんのカードをめくると、イクラに和牛、地鶏焼き

「贈りもの弁当」

に中華点心……いろいろなアイテムが出てきます。裏面には地方新聞の記事体で商品説明があり、一枚一枚読んでいるとローカル列車に乗って各地を巡る旅気分を味わえます。その中から一番気になる商品を選んでハガキで投函《とうかん》すれば、後日商品が届くという仕組みです。

実際、形にしてみると「カタログギフトの駅弁」と「新聞記事を召し上がれ」というふたつのコンセプトはケンカしないどころかお互いを補完し合うことを確認できました。各地方新聞社のロゴはその地域のシンボルであり、それが駅弁の旅情を高めたからです。
贈りもの弁当のクリティカル・コアは「弁当箱」です。競合商品がブックタイプにする理由は製作コストを抑えるため。そこに費用をかけたことは旅気分を味わう「カタログギフトの駅弁」からすれば当然でありながら他社からするとマネしたくない打ち手。クリティカル・コアがハッキリした時点で、ユニークな商品になることを確信できました。

磨くモードをうまく機能させるコツは（コンセプトに従っている限り、極力）「プロフェッショナルに任せる」ことでしょう。ついつい具体策ベースの「やっていいこと／いけないこと」みたいなマニュアルでコントロールしたくなっちゃいますが、往々にしてそれはプロの手足を縛り、出来上がりの品質を悪くします。そうではなく、技術を持っている人々自らが常識を覆す具体策を

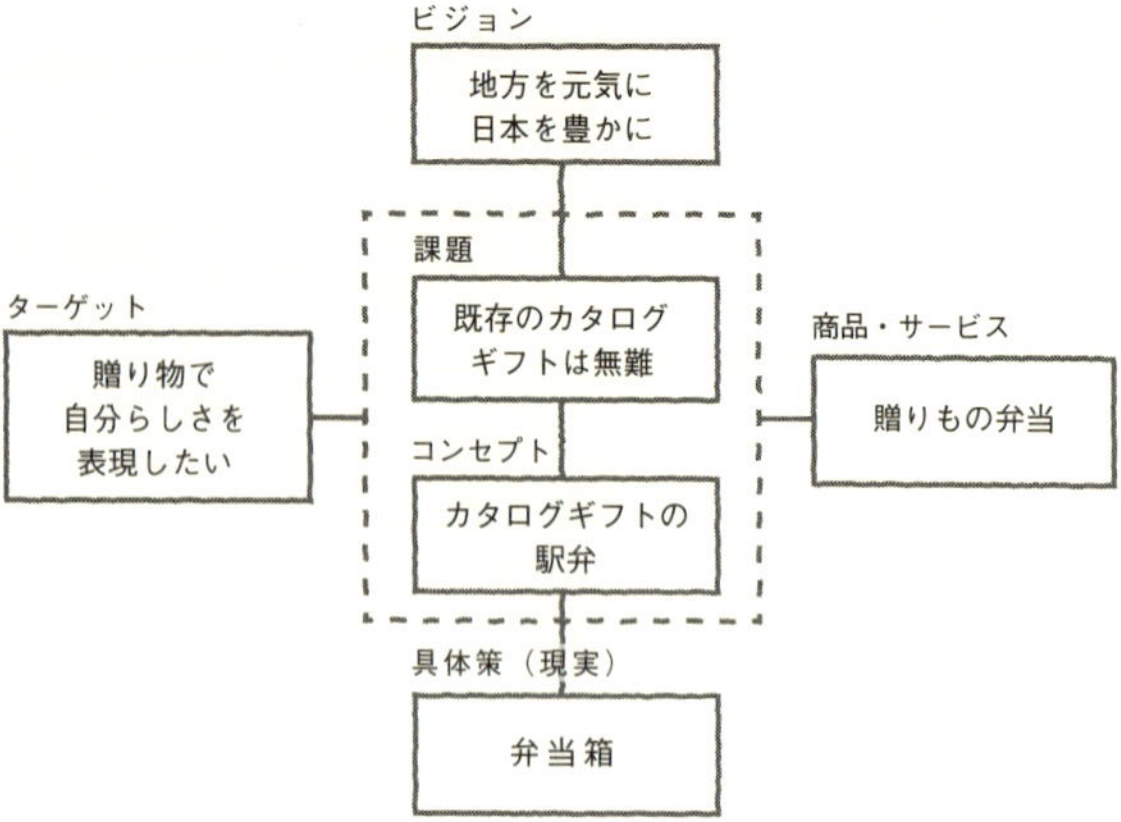

「贈りもの弁当」の十字フレーム①

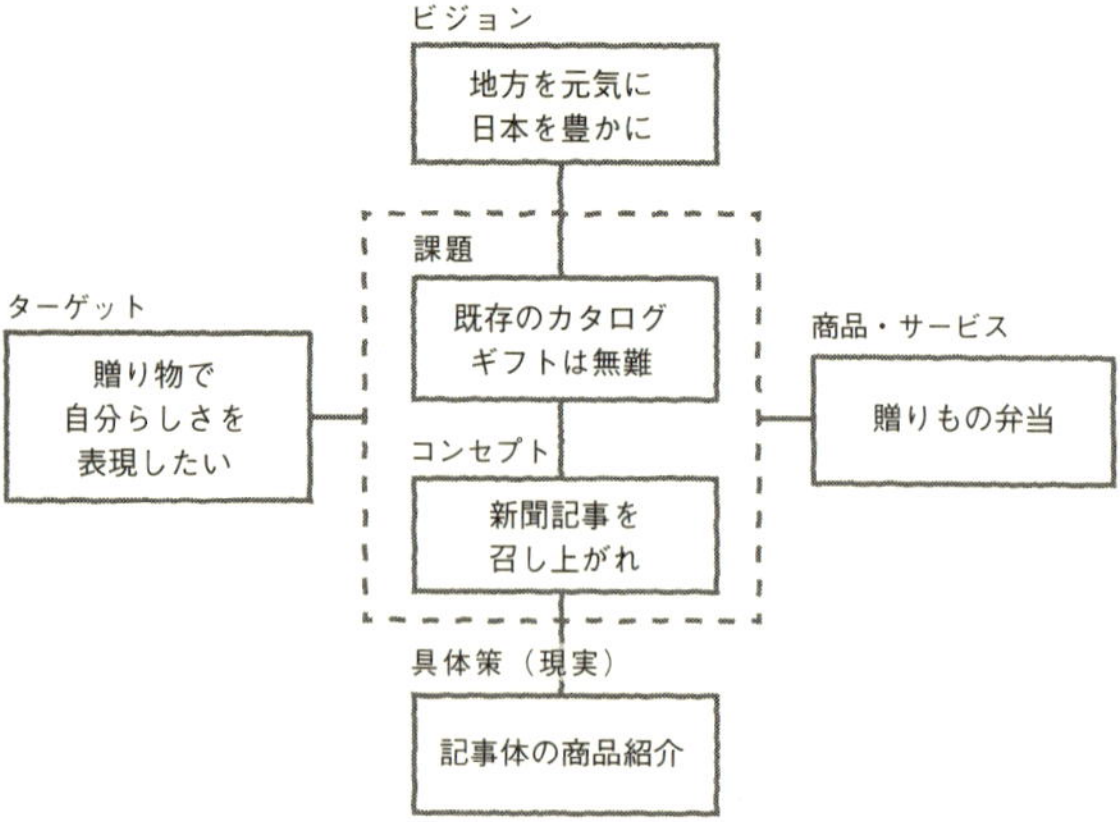

「贈りもの弁当」の十字フレーム②

生み出すよう導くのです。

そもそも新しいサーチライトのもと発揮される「技術」自体は取り立てて新しいものではありません。工藤さんが使用したデザインソフトも、カタログギフトに商品を出す店舗を探し、選び、契約するノウハウも、特に革新的なものではないのです。ただ進むべき道を示すサーチライトが違うので、かつてなかった具体策が生まれるわけです。

別の言い方をすれば「空飛ぶバス」「生産者が特別な和牛」「駅弁なカタログギフト」、すぐれたコンセプトは必ずプロフェッショナルなメンバーに知的な刺激を与えます。技術を持つひとがコンセプトをしっかり理解すれば、彼ら自身の創意工夫が動き出すのです。これこそが直感的に進むべき方向を共有できるコンセプトの底力です。

磨くモードとはコンセプトで具体策を磨き、具体策でコンセプトを磨くプロ

	目的	コツ
感じる	材料を集める	エポケー
散らかす	「どうやってターゲットの気持ちを動かすか？」	行ったり、来たり
発見！	コンセプト入手	メタファー
磨く	具体策を形にする	（コンセプトの中で）プロに任せる

目的とコツ

セスです。残念なことに、磨いているうちに自分の手にしていたものが「フェイクコンセプト」だと発覚することもあるでしょう。そういう時はもう一度散らかすモードでターゲットと商品の関係を考え直すか、さらに遡《さかのぼ》って思考の材料集めをしなければなりません。無事、具体策が出来上がれば十字フレームもすべて埋まって一件落着。ようやく「常識」を覆す取り組みを世に送り出せるのです。

やがて発想体質へ

とはいえ、ぐるぐる思考の四つのモードを一周できても、まだお仕舞いではありません。贈りもの弁当でいえば、それを発売した瞬間、よんななクラブ関係者やお客様、友達などからものすごい量の感想や実感が降ってくるからです。これは次に考える材料を集める「感じるモード」の大チャンス。できるだけ現場に立ってあらゆる情報を「とりあえず、ふむふむ」し、こびとの世界をバージョンアップします。発見！モードでコンセプトができてからしばらくお休みしていたこびとは再び動き出し、商品・サービスをより良くするために必要な対話が始まるのです。

つまりぐるぐる思考はいったん動き出すと、ぐるぐるぐるぐる、連続するス

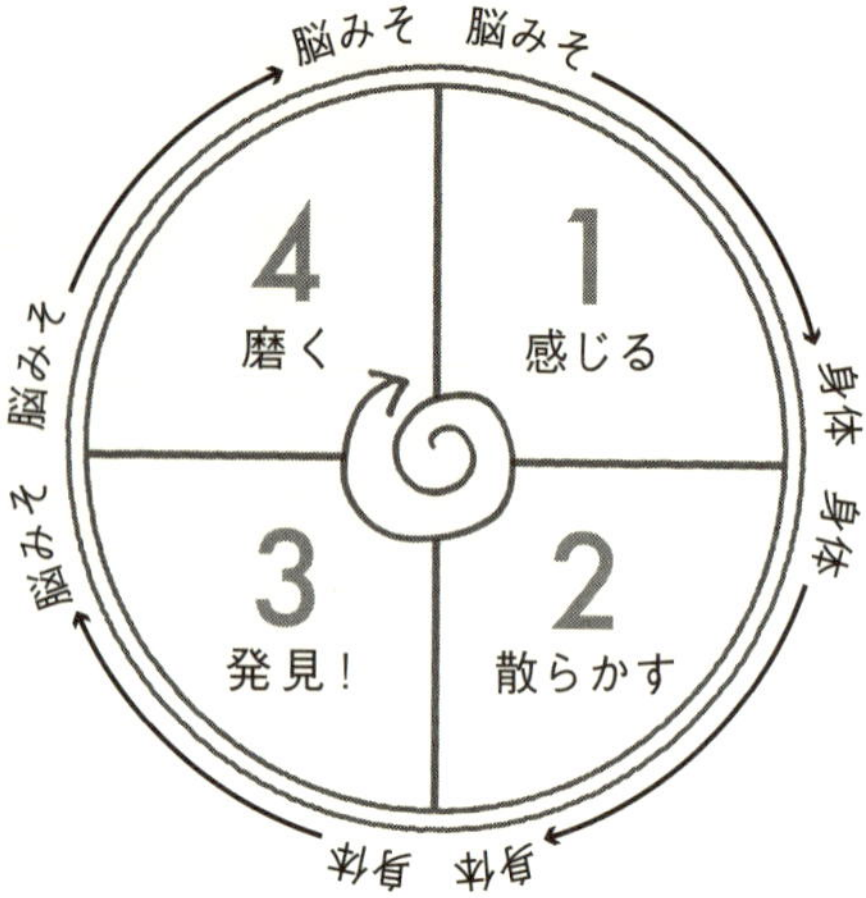

発想体質へ

パイラルのように動き出します。そして面白いのは贈りもの弁当で培ったこびとの世界が次回、プリンやマグロの商品開発にも、メガネのＣＭをつくる時も、乳業メーカーの経営戦略を考える時にも役立つということです。その理由はこびとの世界（つまり「このターゲットはこう反応しそうだな」という感覚）の精度が上がるからであり、またすぐれたコンセプトはしばしば他業界でも応用ができるからです。こうしてぐるぐる思考が習慣として身についた時、何を見ても聞いても新しいコンセプトを考えてしまう「発想体質」になることができます。

以上が身体的思考の具体的な進め方になります。それぞれのモードは明確な境界線があるというよりは重なり合い、行ったり、来たりしながら、それでも全体として「感じる」から「磨く」モードへと流れていきます。クリエーターにインタビューすると「コンセプトなんて考えていないですよ」という人もいます。たしかにある種の天才はコンセプトを言葉で捕まえなくても、こびとの感覚をまんま絵にしたり、形にしたり、具体策をつくっちゃいます。でも、その人が常識を覆す具体策をつくれたのであれば、やっぱりそこにはコンセプトがあります。サーチライトが言葉にならずに隠れているだけです。

ぐるぐる思考の四つのモードはそれぞれワラスの四段階説に該当します。

（準備期＝感じる、孵化期＝散らかす、啓示期＝発見！、実証期＝磨く）そこに知識創造でイノベーションを起こす経営学の知見と広告会社の経験を加えて、より現実に即したモデルに進化させました。

これこそが「その手があったか！」を手に入れる身体的思考の具体的なステップです。

第三章　コンセプトをアーカイブしよう

［例題］　海苔屋の場合

それではもう少し事例を見ていきましょう。もちろん数学の教科書とは違うので、ここでご紹介するアプローチが「正解」なんかじゃありません。どうぞ「わたしなら、どうするかな」とあれこれ想像しながら読んでみてください。

豊かな海に恵まれた広島県は明治時代、日本一の水揚げ量を誇る海苔の産地でした。丸徳海苔《のり》はそんな歴史を背景に、広島市内で味付け海苔等を製造・販売している企業です。しかし近年、海苔の売り上げが市場全体として落ち込んでいます。そこで何か新商品を出して現状を打開したいと考えました。さて、どうしたら良いでしょう?

丸徳海苔の「広島かき味のり」

【準備】

ある日突然「広島に面白い海苔屋さんがいるんです、こんどご紹介しますよ！」と言われたのですが「えっ、海苔⁉」です。そんなテーマ、いままで考えたこともありません。そこで海苔業界を取り囲む「いまの常識」をつらつらと思い出してみました。お中元・お歳暮の定番（でも贈答需要は冷え込んでいる）、スナック感覚の韓国海苔、ごはんの御《お》供《とも》、かつては東京湾、いまは有明云々《うんぬん》。

そんなことをしながら頭のスイッチを入れたのでした。

【感じるモード】

このプロジェクトに関係ありそうな特殊資料を「とりあえず、ふむふむ」取り込まなければなりません。そこで取り急ぎデスクで調べられることは調べたうえで、広島の本社に伺いました。正直「歴史ある海苔屋さんだもん、生真面目《きまじめ》なカタブツでしょ？」くらいに思っていたのですが、社内のラボで試作されていたのは「海苔ジャム」「海苔カレー」といった挑戦的なメニュー。試しにジャムを食べて、恐る恐る「……酢昆布みたいですね」と申し上げると「あはは、そうですよね！」やたら明るいのです。とにかく「楽しく海苔を味わってもらいたい！」という思いが溢《あふ》れていたので、それを「とりあえず、ふむふむ」。長年事業を支えてきた専務の「ポテトチップスを売っている大手スナック菓子屋さんは広島が発祥でね、前の社長さんが幼なじみなの。その人が『子どもは味付け海苔を食べると止まらなくなっちゃうでしょ？　あれは脅威なんだよなぁ』と言っていたわ」という発言も、海苔業界の仕入れや営業に関するインタビューも、メイン商品である「広島かき味のり」の味わいも、片っぱしから「とりあえず、ふむふむ」。

徹底的に議論をしたら、夜は広島が誇る繁華街流川へ。お好み焼きを皮切りにはしご酒をして深夜広島つけ麺をすすりながら「なんて宵《よい》っ張りな街なんだろう」「外国人を含めて観光客が多いな」「それにしても広島弁は迫力あるね」も「とりあえず、ふむふむ」しました。

そして丸徳海苔がやってること、やりたいこと、できそうなこと、丸徳海苔を買ってる人、買っていない人、海苔を買いそうな人、買わなさそうな人がなんとなく「こびとの世界」に出揃《でそろ》った時点で次のステップに進んだのでした。

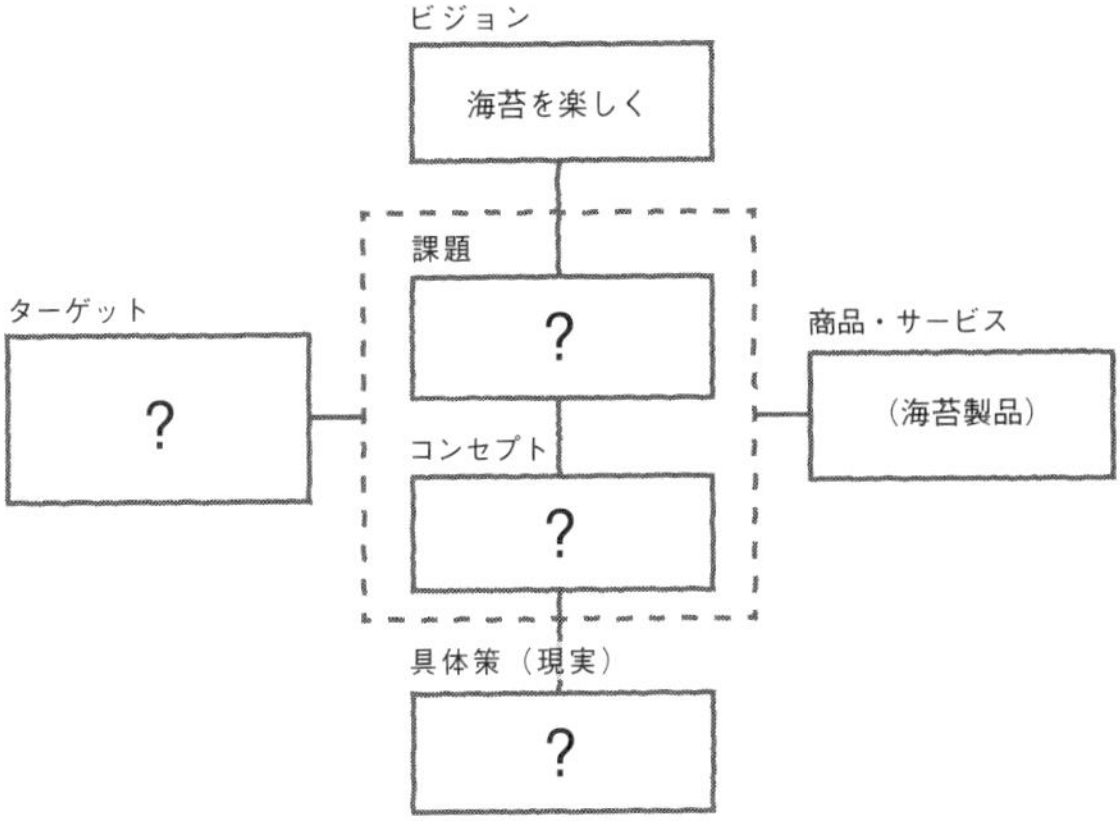

当初の十字フレーム

【散らかすモード】

この時点の十字フレームはこんな感じでした。そこで「海苔を楽しく」というビジョンはどこかで意識しながらも、まずは広島かき味のりを「誰が、どうして買うのか？」「買わないのか？」をきっかけにあれこれ突破口を考え始めました。大人？子ども？地元の人？日本人観光客？外国人観光客？高級本格？遊び心？海苔は主役？脇役？……。ターゲットと商品・サービスには無限の組み合わせがありそうですが、行ったり、来たりしているうちに、こびとが反応するポイントがいくつか見つかって来ました。たとえば専務のお話にもあった「スナック」のような切り口。たしかに多くのこびとがついつい味付け海苔を食べる手が止まらなくなっちゃった経験をしていました。その一方でごま油と塩で調味した韓国海苔で十分だという感覚もありました。

【発見！モード】

こうした行ったり、来たりは最終的にふたつのコンセプトに落ち着きました。ひとつは「ヘルシースナック」。もうひとつは「広島弁を、お土産に」です。かつての任侠映画の影響でしょうか、「われ……じゃけぇ」という広島弁は強烈に印象に残りました。東京に戻って周りのひとに聞いても「広島弁って、コワイよね（笑）」という意見は少なくありません。にもかかわらず、まだそれをテーマにした商品・サービスがないとすればチャンスかも……という

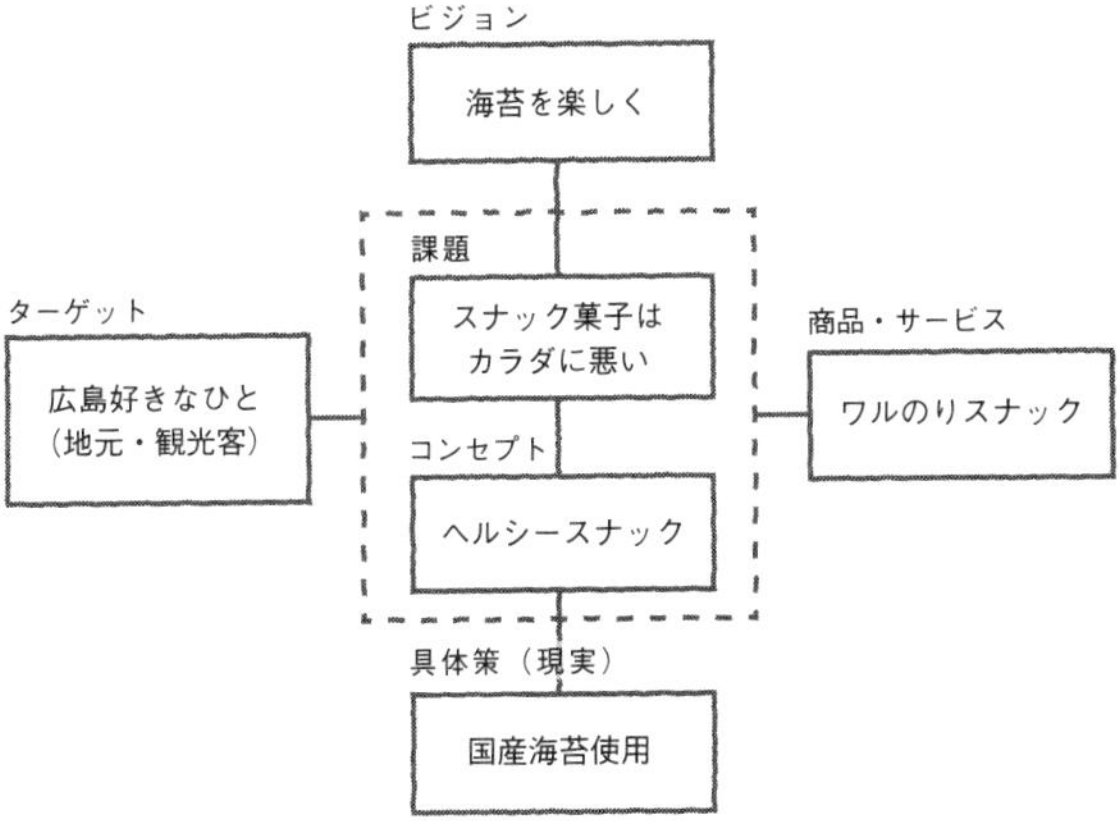

「ワルのりスナック」の十字フレーム①

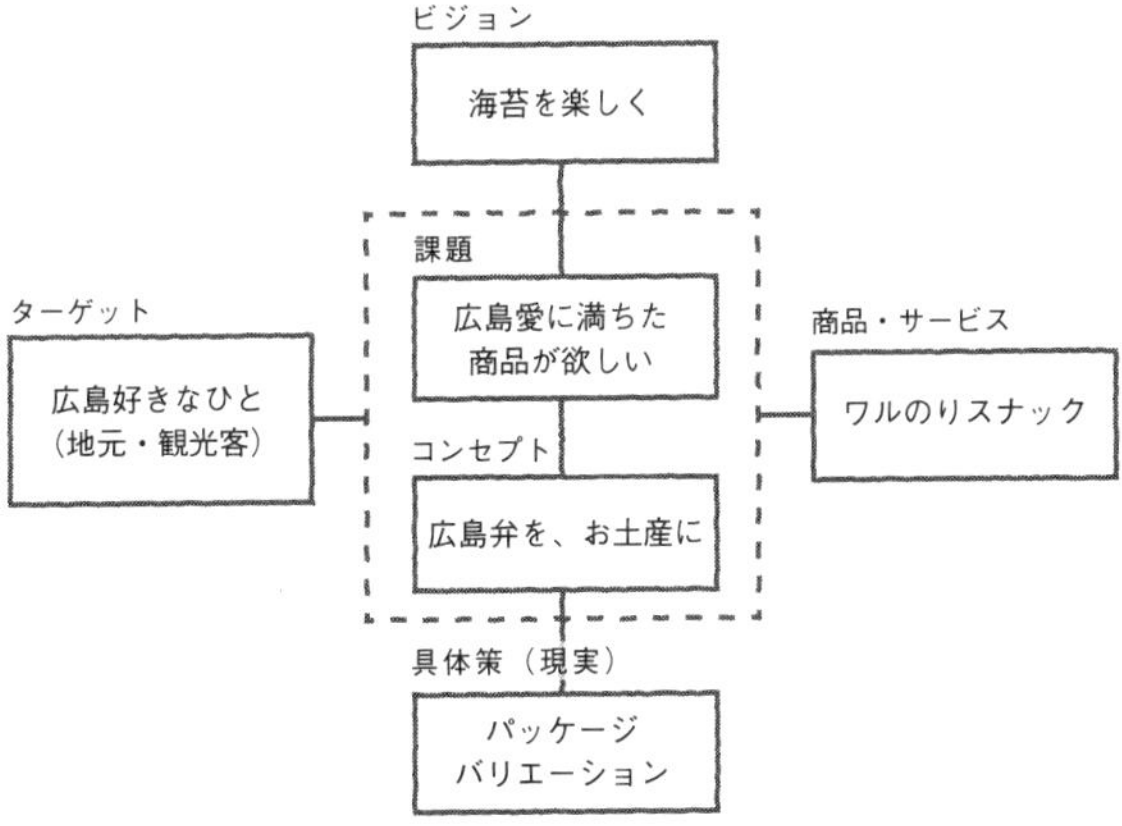

「ワルのりスナック」の十字フレーム②

考え方でした。

コンセプトを発見！したタイミングで、なんとなく手許《てもと》には「ワルのりスナック」というネーミング案や、一見すると怖いけど「ホントはやさしい広島の味」といったコピーイメージもありましたが、それはまだ予感レベル。具体策を形にするために磨くモードに進みました。


【磨くモード】

ぼくの中にあるこびとの世界の感覚を「ヘルシースナック」「広島弁を、お土産に」というコンセプトに翻訳することで、プロジェクトメンバーと方向性を共有できました。商品の中身づくりは丸徳海苔の保田直美さんを中心に推進。海苔の香りと食感のバランスを取ることが難しく、また広島らしい風味づけってどうしたら良いんだろう？なんてことを悩みました。一方、アートディレクターの高橋理さんと黒岩武史さんはデザインで苦労してくれました。「広島弁：『このガンボタレ、これ買《こ》ぉてくれんのんか？』／標準語：『ねぇ、ぼく！　これ買ってくれると嬉《うれ》しいなぁ』」とか「広島弁：『おどりゃ、なにしょおるんならぁ！』／標準語：『How do you do?』」というお遊びをどうやってパッケージにレイアウトしようか、しかも食べものとして美味《おい》しそうに見せるにはどうしたら良いだろうか、そんな無理難題に正面から取り組んだのです。最終的には本物の「のりスナック」でコワい人の顔をつくるというアイデアが多くの難問を解決してくれました。またパッケージの広島弁はコピーライターの福岡万里子さんとネイティブの丸徳海苔社員の皆さんが案を出し合いながら考えました。

この場合のクリティカル・コア（マネしたくならない具体策）は現時点で八種類あるパッケージのバリエーションでしょうか。いろいろな広島弁を見せてお土産にしてもらうためには当然の選択ですが、ふつうの海苔商品ではわざわざコストをかける意味がないからです。

「ワルのりスナック」

【再び感じるモード】

発売するとお客様の反応はいろいろな形で聞こえてきます。製造ラインの難しさもわかってきます。それをまた「なるほど、ふむふむ」。うまく行かないとしたら具体策を改善できるのか、コンセプト自体に弱点があるのか、考え続けるのです。

〔例題〕　和牛卸の場合

小島商店は有名レストランや一流ホテルに上質な和牛を卸している会社。「でも特別な日にしか和牛を食べられないのは悲しいから、もっと気軽に楽しんでいただけるフィンガーフードを発売したいんです。」さて、どうしたら良いでしょう？

【準備】

森本さんの特産松阪牛のところでも登場しましたが、老舗和牛卸の小島康成さんとは、銀座三越がリニューアルする際、精肉店「片葉三」を出すお手伝いをするなどいくつかのプロジェクトをご一緒して来ました。ですから相談を受けたタイミングで、すでにぼくの中には黒毛和牛や小島商店をめぐるこびとの世界がなんとなく存在していました。

【感じるモード】

ありとあらゆる特殊資料を集めなければならないのですが、この時は小島さんから指でつまんで食べられる「フィンガーフード」という明確なイメージが伝えられていました。となるとハンバーグ／ハンバーガー系かメンチカツあたりが重点研究領域になります。たとえば「巷《ちまた》で人気のメンチカツ」も実際にテーブルに並べてみると値段、大きさ、原材料、味付けなどずいぶん違いがありました。試食だけで一日の摂取カロリーをオーバーすることもしばしばでしたが、情報を耳から脳みそに入れるだけでなく、片っぱしから食べてこびとの感覚を養いました。

【散らかすモード】

数多くのフィンガーフードを試食しながら「なんでこれを買うのか?」「買わないのか?」を言葉で捕まえていきました。とにかくガッツリ食べたいとか、品質の良いものを選んで食べたいとか、こびとによって意見はそれぞれでしたが、どんなターゲットがどんな商品を選びそうか、ひたすら行ったり、来たり、試行錯誤を繰り返しました。

ある時何気なく「メンチカツ」の語源を調べていると、メンチとは「mince」、英語では肉や野菜を細かく切る・刻む、フランス語では細い、薄いという意味だと知りました。「あれ? なんでメンチカツって挽《ひ》き肉を使っているんだっ

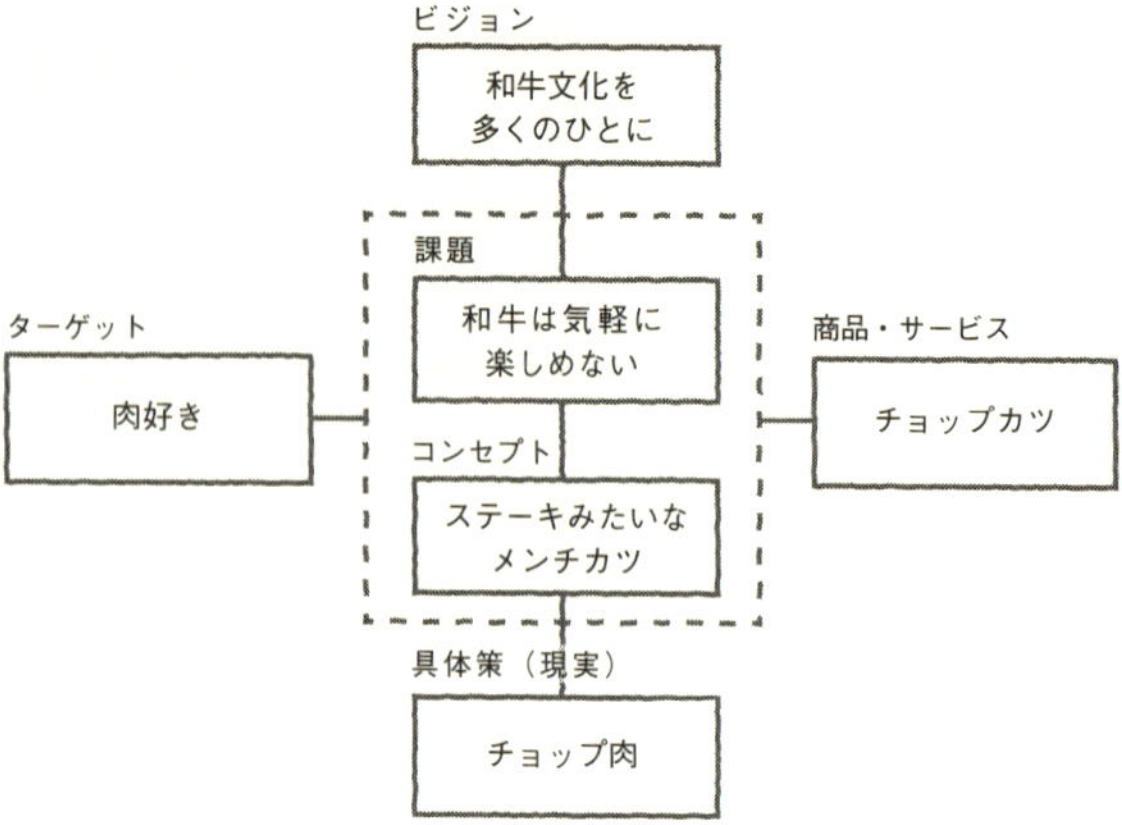

「チョップカツ」の十字フレーム

け？」最近は肉々しい食感を出すために「超粗挽き」の商品もありますが、それだって挽き肉には変わりありません。そこで小島さんの精肉店「片葉三」で和牛の切り落としを購入し、適当に包丁でたたいてからボール状にまとめ、衣をつけて揚げてみました。するとブツブツと口の中に筋が残る荒々しい味わいの試作品ができました。

【発見！モード】

ぼく個人としては老舗洋食店の丁

寧に絹挽きされたハンバーグが大好きです。最高の肉料理のひとつだと信じています。しかし和牛をたたいた（チョップした）だけの、minceしないメンチカツは「肉好き」を自称する多くのこびとに喜ばれました。そこで名称を「チョップカツ」、コンセプトを「ステーキみたいなメンチカツ」と設定し、具体策の開発に進みました。余談ですが「ステーキみたいなメンチカツ」のように「みたいな」を使う表現はメタファーではなくシミリー（直喩）。きちんとコツに従うなら「ステーキなメンチカツ」とすべきでした。

【磨くモード】

小島さんと「ステーキみたいなメンチカツ」の試作品をつくってては議論し、またつくってては議論しました。ついつい隠し味や匂い消しを効かせたくなるのですが、そこは「ステーキ」。味付けは最大限シンプルにしなければなりません。そしてデザインはアートディレクターの関戸貴美子さんが担当。チー

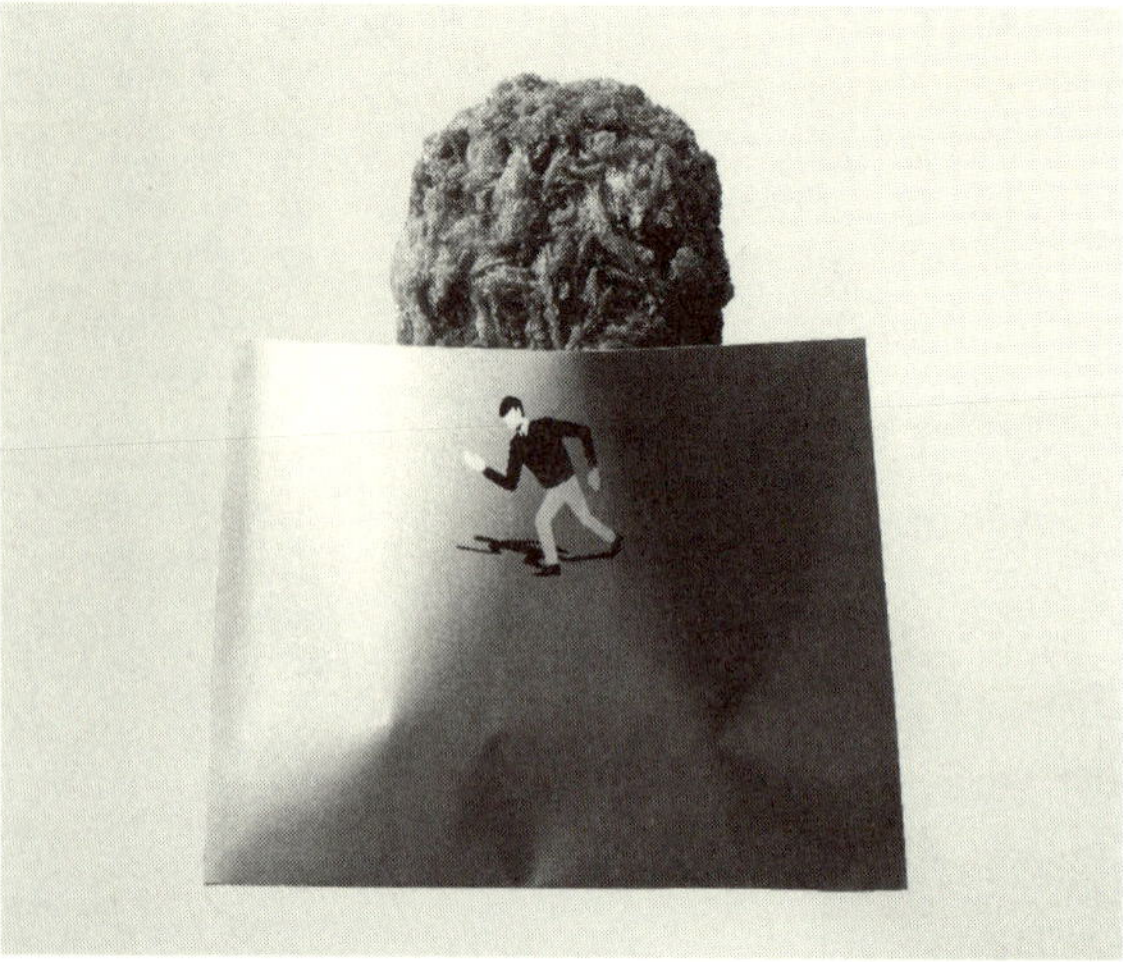

「チョップカツ」

ムの全員がサーチライトを共有してプロフェッショナルな技を発揮しました。
　この場合のクリティカル・コアは「チョップ肉」でしょう。和牛の卸さんだから実現できる品質と価格のバランスは、競合他社がマネしたくならないレベルだと思います。

【再び感じるモード】
　発売後はぼくもデパートの店頭に立ちました。ダイレクトに感じるお客様の反応はヒントの宝庫だからです。それをまた「なるほど、ふむふむ」。すぐに修正できることには対応しつつ、コンセプトが新しい常識を提案できているのか、じっくり検証しました。

逆引きのススメ

身体を使ってコンセプト開発をする現場はこんな様子です。きっと文章で読むだけではわかったような、わからないような感じでしょうから（笑）、ぜひ皆さん、何か具体的なテーマで実践してください。身体的思考の方法論を身につけるには、やはり実際に「体験」していただく必要があるのです。

そしてもし、もう少し手軽に取り組みたいなら「逆引き」という方法もあります。世の中の「すぐれた具体策」はきっと何かコンセプトを持っているハズなので、それを逆算して言葉で引き出すのです。これは時間さえあれば何の準備もなくできるうえに、自分でコンセプトを発見！するチカラを養うトレーニングにもなります。

たとえば焼津のマグロ卸マルイリが発売している「インド鮪《まぐろ》同好会」というシリーズがあります。このコンセプトは何でしょう？

逆引きに「正解」なんてありませんが、ぼくがお手伝いしてつくったコンセプトは「マニアのマグロ」というものでした。いまや小さなお子さんまでもが「大間のホンマグロが一番旨《うま》い」なんておっしゃる時代。近海で獲《と》れた生の、あるいは蓄養でトロだらけの、いずれにせよ「ホンマグロ」が大人気です。でも、とある老舗寿司《すし》屋の職人さんに言わせると「天然インドマグロの方が赤身は甘いし、脂も濃厚。だからあえてそっちを使っている」ということです。全流通量の数%しかない希少品ですが、焼津の仲買人も含め意外と玄人にはインドマグロのファンが多いのです。そこで世の中一般はホンマグロが好きでも、マニアはこっちだぜ！ということで立ち上げたのが「インド鮪同好会」で

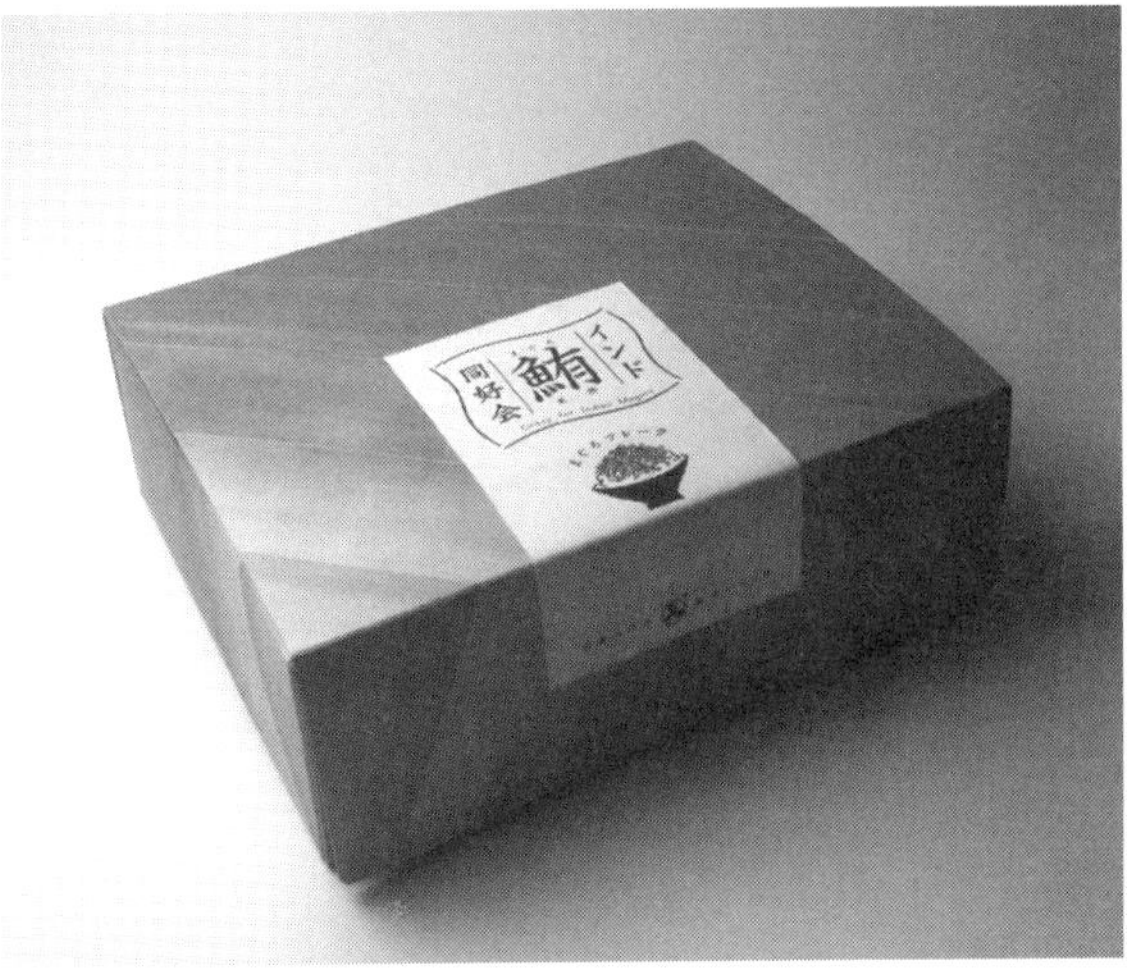

インド鮪同好会

した。無理に宣伝するのではなく、あくまで好きな人が好きな人とよろこびを共有するサークルとしてやっていこうということです。こういった内実を知らなくても、商品やセールストークを見て、開発者が何を考えていたのか？　お客様が何を評価しているのか？　あれこれ想像を膨らまし、それを言葉で捕まえるのが「逆引き」です。

　逆引きのテーマは何でも構いません。身の回りのちょっと気になる商品・サービスはなんでも題材になります。たとえば秋田県の「しょっつる」。このコンセプトは何でしょう？

「秋田の郷土調味料」と設定するのが一般的かも知れません。ただ困ったことに多くの家庭では秋田料理の登場頻度は高くないので、このサーチライトで考える限り、大きく売り上げを伸ばすことは難しいでしょう。

「日本の魚醤《ぎょしょう》」だといかがですか？　たしかにしょっつるはタイのナンプラーやベトナムのヌクマムと同じ魚醤です。比べてみるとどこか風味が日本人に馴染《なじ》みやすいし、品質も安定しているので、多少高くてもこれを使う理由にはなりそうです。

ところでぼくは「液体アンチョビ」だと思っています。アンチョビは隠し味に使うとうま味がグンと増すのですが、固形物で保存しにくいし、入れると茶色い粒々が目立っちゃうので困っていました。ところがしょっつるなら透明で、ドレッシングやパスタにも手軽に使えます。よく水気を切った豆腐、アボカド、オリーブオイルと、ミキサーにかけてつくるディップはオススメです。「秋田の郷土調味料」「日本の魚醤」「液体アンチョビ」。どのコンセプトも間違いではありませんが、どう設定するかによって見えてくる世界（たとえば使い勝手）が変わってきます。そこが逆引きの面白いところです。

ちなみにこういった説明をしていると、よく「コンセプトと広告コピーは同じですか？」なんて質問をされます。このふたつは時々同じものを指すこともありますが、その役割からしてまったくの別物です。いままでずっと見てきたように、コンセプトは「その手があったか！」を実現するためのサーチライト。全体を再構成するための構造図、設計図のようなものです。一方、広告コピーは具体策のひとつに過ぎません。LCCが「空飛ぶバス」を広告コピーにしても良いし、コピーにならなくてもコンセプトであることに変わりはない、ということです。

さて。近所のスーパーマーケットだって逆引きの題材になります。かつて山梨県は「魚売り場でイカとマグロしか売れない」「価格にシビア」なエリアだと言われていたそうです。ところが北杜《ほくと》市の町はずれにある「ひまわり市場」はそんな常識をひっくり返しています。富山の高級魚のどぐろ、一房三〇〇〇円のぶどう、日本ワインを牽引《けんいん》する甲府のサドヤと共同開発したオリジナルワインなどが飛ぶように売れているのです。さて、このお店のコンセプトは何でしょう?

社長の那波秀和さんによれば「八ヶ岳のビックリ箱」。「安全でなく安心でない商品は仕入れない」という唯一のルールのもと、単なる商品とお金の交換に止《とど》まらず、「食材でお客様に感動を! 笑顔を!」に取り組んでいるからだそうです。これはこれで立派なコンセプトなのですが、ぼくは話を聞いて勝手に「生産者のためのスーパー」だと逆引きしています。ひまわり市場の大きな特徴は、生産者が特別に手をかけてつくった商品なら、多少値が張っても積極的

「ひまわり市場」

に仕入れている点にあります。その結果、誠実な物づくりをしている生産者の中で「あそこは志を理解して売ってくれる」という評判が立ち、全国から売り込みが絶えないのです。こうして自然と品揃《しなぞろ》えのレベルも上がり、地域の常識を覆すスーパーになったのでしょう。

繰り返しになりますが逆引きに正解なんてありません。当事者の言葉はとても参考になりますが、思考のトレーニングですもの、自由に考えればよいのです。テーマはもちろん食べもの関連じゃなくても構いません。ビーカーでも、映画でも、国の施策でも、「いまの常識」を覆そうとしている商品やサービスがあれば、そこにあるユニークな構造を見つけてみましょう。

あとは実戦あるのみ

そして、せっかく「逆引き」したコンセプトはしっかり覚えておかなければなりません。

すぐれた料理人であれば、誰が、どこで、何時《いつ》つくった、どんなメニューが美味しかったか必ず記憶しています。その蓄積によって自分がつくる料理の目標も設定できるし、品質も評価できます。ところが残念なことに、優秀なビジネスパーソンでも「好きなコンセプトは何ですか?」と聞くとたいていポカーンとしてしまいます。だからコンセプトの品質管理もできないのです。幸い、ここまで読んでくださった方は少なくとも「芸術は爆発だ」「空飛ぶバス」「サードプレイス」という三つの傑作は覚えてくださったはず。このくらい直感的に進むべき方向を共有できる言葉を目標に、今後のコンセプトづくりに取り組んでください。

ちなみに電通随一のコンセプトハンターである倉成英俊さんのオススメは「つくり手八分、使い手二分」でした。これは中里太郎右衛門窯が出しているパンフレットの片隅にあった言葉で、唐津焼は同じ焼き方をしても使い方で大きく変化していく、いわば「使い手が育てていく器」ですよ、という意味だそうです。これが面白いのは、すぐ他のカテゴリーへの転用が想像できるところ。たとえば「つくり手八分、使い手二分な図鑑って、どうなるんだろう?」「つくり手八分、使い手二分の子守歌だと、どう?」など、まさにいろいろなものを照らし出すサーチライトになりそうです。

これで皆さんのアーカイブには少なくとも四つのコンセプトが並びました。素敵なコレクションをどんどん増やして、コンセプトの品質を見極める目を養ってください。

正直、身体的思考はけっこうたいへんです。すべてを他人ゴトとして考えられるロジカル・シンキングと違って、自分の人生経験をさらけ出さなければならないからです。他のひとにコンセプトを見せるだけでも恥ずかしいし、批判なんてされたら身を切られるような痛みを感じます。しかも「いまの常識」を覆そうとすれば、そこに摩擦も生じるでしょう。尾崎牛の尾崎宗春さんは「ぼくはひとりでやるのがツラくないタイプだから」とおっしゃっていましたが、まさに孤独な道のりです。

それでもやっぱり、身体的思考には取り組む価値があります。貶《けな》されると傷つきますが、褒められた時の感動はそれを凌駕《りょうが》します。尾崎さんが世界中に友人をつくったように、魅力的なコンセプトがあればきっと仲間も集まります。何より身体的な経験や直感を総動員しなければ「その手があったか!」という突破口は得られないのです。

どうぞ皆さまが身体的思考のよろこびを体験できますように。

解説

この本は、まったくもってアナログだ

株式会社47ＣＬＵＢ　代表取締役社長　栗田健一郎

情報格差社会と言われる。個人や企業の間で、情報技術に関する知識量や活用度にどんどん差がついているということだ。「私、デジタルに疎いんですよ」とか、「私、バリバリのアナログ人間なもので」という言葉を本当によく耳にするようになった。これらの言葉には、自分たちは情報格差社会の中で出遅れている古いタイプの人間ですのでご了解ください、あるいは、デジタル知識について自慢する気はないので責めないでください、という意味がある（と思われる）。こういう言葉が増えている背景には、「私、デジタルに詳しい人間です」なんてひけらかす輩《やから》が増

え、世の中から必要以上に重用されている事実があるのだろう。

そんな昨今思うことがふたつある。ひとつは、そもそもデジタルってそんなに偉いのか、ということ。本書はいきなり「でさぁ……それってデータで証明されているの?」で始まる。すなわちデジタルを駆使してデータ・数字をつくらなければ納得できない、という台詞《せりふ》だ。これに対して本書は、「過去の情報をどれだけ客観的にいじくりまわしたって『その手があったか!』という突破口なんて見つかるわけもない」と否定している。著者の名誉のために言っておくが、彼はデジタルに疎いわけでもデータを使わない(使えない)わけでもない。電通のプランナーで、「私、データは無視です」では通用しない。かく言う私もインターネットのショッピングサイトを運営しており、当然、デジタルまみれの仕事をしている。それでもやはり思うのだ。デジタルは生活や仕事を劇的に変化させるが、世の中の本質的な課題を解決してくれはしない、と。情報技術は日進月歩。ものすごいスピードで進化し続けている。そのすべてを掌握している人がどれだけ存在するのだろうか。せいぜい特定の分野においてものすごく詳しい、ということだろう。結局、デジタル全般ということで言えば世の中全員が「私、デジタルに疎い」程度なのだ。卑下する必要なんてまったくない。

もうひとつ思うことは、デジタルとアナログという対比はそもそも正しいのか、ということ。由来は、従来存在したアナログ商品やアナログサービスを情報技術によってデジタル化していくという流れだ。しかしいつの間にか時代は『アナログ人間』まで創り出してしまった。人間はアナログに決まっている。進化を続けるデジタルをつくりだすのも、その新しい技術をどう活用するかをひねり出すのもアナログである人間なのは当たり前である。むしろデジタルはアナログに支配されているのだ。「私、デジタルに詳しい人間です」な人も（それ自体が悪いことではないが)、詳しいだけでどれだけの価値があるのだろう。それで世の中をどうしたら良くすることができるのか、暮らしや仕事にどう役に立たせるのかがわからなければ、単に知っているだけの話なのだ。

今までお会いしてきたすばらしい経営者の方々の中で、デジタルに興味が無い方はひとりもいないけれど、どれだけ詳しいかは千差万別。ただ共通しているのは、自らの経験にもとづいた直感に優れているということ。本書でもビジネスの世界の根深い問題として「『正解』という幻想」をあげている。経営や新しい仕事にそもそも正解などない。すぐれた経営者は、自らの経験による直感をベースにアナログマインドと強い意志を持って、そしてデジタルを利用しながら経営をしているのだ。著者は新たに会社と仕事を始める際に、その会社のビジョンを重んじる。ビジョンとは経営者の強い意志そのものだ。要はその経営者に強い意志はあるのか、その強い意志とは何を実現するためのものなのかを真っ先に確認するのだ。

本書を通じて、正解のない、どうしたら解決できるのかわからない様々な問題に対して、「身体的思考」を活用し解決されるケースが増えることを期待して止《や》まない。

デジタルマーケティングとは対極の真実がここにある。この本は、まったくもってアナログだ！

参考文献一覧

デカルト、1997年『方法序説』(谷川多佳子訳)岩波文庫
フランシスコ・ヴァレラ等、2001年『身体化された心』(田中靖夫訳)工作舎
磯島拓矢、2014年『言葉の技術』朝日新聞出版
ジェームス・W・ヤング、1988年『アイデアのつくり方』(今井茂雄訳)CCCメディアハウス
ジム・コリンズ等、1995年『ビジョナリーカンパニー』(山岡洋一訳)日経BP出版センター
苅谷剛彦、2002年『知的複眼思考法』講談社+α文庫
黒木法晴、1997年『宮崎牛のフルコース』宮崎日日新聞社
楠木建、2010年『ストーリーとしての競争戦略』東洋経済新報社
松本栄文、2011年『すき焼き SUKIYAKI』カザン
野中郁次郎・紺野登、2003年『知識創造の方法論』東洋経済新報社
野中郁次郎・竹内弘高、1996年『知識創造企業』東洋経済新報社
野中郁次郎・遠山亮子・平田透、2010年『流れを経営する』東洋経済新報社
岡本太郎、1999年『今日の芸術』光文社知恵の森文庫
齋藤嘉則、1997年『問題解決プロフェッショナル「思考と技術」』ダイヤモンド社
新村出編、1998年『広辞苑　第五版』岩波書店
杉山恒太郎、2011年『クリエイティブマインド』インプレスジャパン
高根正昭、1979年『創造の方法学』講談社現代新書
武石彰・青島矢一・軽部大、2012年『イノベーションの理由』有斐閣
Wallas, G. 1949. *The Art of Thought*. Watts&Co

山田壮夫（やまだ・そお）

株式会社電通　クリエーティブ/コンサルタント

コンセプトを核として、広告キャンペーンはもちろん、テレビ番組や店舗の開発から経営戦略の策定まで手掛ける。特に最近は株式会社 47CLUB と連携してローカルにおける商品開発にチャレンジ中。2009 年カンヌ国際広告祭（メディア部門）審査員。明治学院大学（経営学）非常勤講師。
著書に『＜アイデア＞の教科書　電通式ぐるぐる思考』（朝日新聞出版）。
web電通報にて「ろーかる・ぐるぐる」を連載中。

（本書籍について山田個人が受け取るすべての収益は一橋大学基金に寄付いたします）

コンセプトのつくり方
たとえば商品開発にも役立つ電通の発想法

2016 年 3 月 30 日 第 1 刷発行
2017 年 11 月 20 日 第 3 刷発行

著　者　山田壮夫
発行者　友澤和子
発行所　朝日新聞出版
〒104-8011 東京都中央区築地 5-3-2
電話　03-5541-8814（編集）03-5540-7793（販売）
印刷所　大日本印刷株式会社
装　丁　工藤真穂（アートディレクター）・松木康平（フォトグラファー）
本文デザイン　石崎莉子

Published in Japan by Asahi Shimbun Publications Inc.
ISBN978-4-02-331484-9